商务新知译丛

解释学 美学 实践哲学

伽达默尔与杜特对谈录

〔德〕伽达默尔 杜特 著

金惠敏 译

商务印书馆

2018年·北京

Hans-Georg Gadamer Carsten Dutt
HERMENEUTIK · ÄSTHETIK
PRAKTISCHE PHILOSOPHIE
Hans-Georg Gadamer im Gespräch

本书根据德国文特海德堡大学出版社 2000 年版译出

目　录

他人是一条路，一条通向自我理解的路。汉斯－格奥尔格·伽达默尔踽踽独步在这条路上……

前言

本书提供的是一部经过加工和添加了引文出处的谈访集。这一谈访工作是我与伽达默尔教授于今年年初进行的。书的标题就是我所提问的几个领域。

第一篇谈访的中心是伽达默尔对于精神科学中理解问题的研讨。其关于效果史之制约性与解释学过程之应用结构的学说洞开了我们精神科学事业的一个反思性维度。对人类传统的保存和发扬不能被描述为只是纯粹的考古性研究和以方法为主导的专业探讨。其出发点和有关视点应当是对于我们自身的质询。伽达默尔讲到与传统的对话，在这样的对话中传统的阐述者总是被引向一个新的、被扩展了的自我理解。

与传统的对话应当被置放在一个对话的世界、一个解释学的天地，在对话中每个人都只是作为他人的他人而生活着，而且也只有与他人相协调他才能够过上一个成功的生活，——这些在第一篇的结尾部分被清楚地表达了出来。那里所谈论的是一个内容博大的、从语言之核心所生发出来的解释学哲学的话题，还有就是我们生活形式的交往状态。

第二篇访谈讲的是解释学美学的几个问题。与第一篇有所不同，这里所论及的文本不是伽达默尔的主著《真理与方法》，而是其后的一篇论文。关于这篇文章的讨论指明，对于意义指向以及审美经验的理解性特征的揭示，不应就是将审美的理解与非审美的理解等而视之。研究与艺术作品欣赏相联系的理解过程的特点，占据了通过解释学美学而开辟出来的工作场域的中心。与实用语境中意义获取的结构相区别，在此实用语境中每一意义承担者无论遇到怎样的困难，终究都会在一个成功的意义建构中浮现出来，对艺术的理解、对一幅画或者一件文字名作的阅读却看不到这样一个终结："理解在作品的此在中体验到其意义的高深与无穷。"

第三篇访谈曾为庆贺伽达默尔 93 华诞而以略有删节的形式发表于 2 月 11 日①的《莱茵 - 内卡报》上，所论为实践哲学问题。这一哲学的基本观点在伽达默尔是通过一体性（Solidarität）这样的概念而表达出来的，所谓一体性乃一固有之存在。实践哲学作为问善的伦理学，只能将自己的工作当成一

① 1900 年 2 月 11 日，伽达默尔生于德国马堡。——译注（除以此方式注明者外，其它为原书所注。为方便读者查找，原注保持原文形式和顺序。）

个具体道德的自我显现来做:“我们的目的不是去发明一体性,而是使我们意识到它的存在。”

伽达默尔是以这样的方式表达他对哲学任务的原则性理解的,即如他所反复解释的:“哲学活动……就是将被从其原始言说意义所异化了的哲学语言恢复到我们言说所具有的基本的共同点上来。”①这一意图也同样贯彻于本书。无论伽达默尔是否讲述过经验的本质,讲述过对话,在对话中的相互理解,讲述过阅读,或者“古典”一语的现实意义,我们总是能够获得一些出自于生活世界之解释学资源的概念,也总是能够弄清一些出自于我们理解之一体性而非什么专业性讨论的概念。

伽达默尔先生随时准备对话,在使用录音资料的过程中又充满了耐心,对此我愿表示感谢。

卡斯滕·杜特

海德堡,1993年复活节

---

① "Philosophie und Hermeneutik", in *Kleine Schriften IV*, Tübingen 1977, S. 256—261; hier S. 260.

1

杜　特：“解释学”(Hermeneutik)，这个与您思想道路联系在一起的术语，伽达默尔先生，起初并不是一个哲学的术语。如果查阅词典的话，人们在这一词目下通常会发现它首要的解说是“解释的艺术”，或者“解释的学说”。这样的一个“解释学”有很长时间的历史了。因此或许我应该首先向您请教这样一个历史，即哲学解释学的前史问题①。

① 国际学术界通常将“哲学解释学”作为伽达默尔的首创，而前人的工作则只是所谓的“前史”。这种说法不够准确，例如现代解释学之父施莱尔马赫对于解释学史的一个重要贡献就是将解释学发展为“哲学的解释学”或“总体解释学”。——详细论证可见金惠敏：《后现代性与辩证解释学》(中国社会科学出版社 2002 年)第一章“现代解释学基础——论施莱尔马赫解释学的现代之维”。当然如果依照伽达默尔本人比较于“方法论”而界定的“哲学”概念，施莱尔马赫以方法论相标榜的解释学——“正是由于言说的艺术与理解的艺术

伽达默尔：从"hermeneia"①和"解释学"的原始意义即翻译和解释，人们大概能够清楚地看到早期基督教信仰在面对希腊哲学时究竟处于一种什么样的情境，以及奥古斯丁在其《基督教教义》一书是怎样试图将当时人们谈论基督信息的方式赋以概念的形式的。Homo timens Deum, voluntatem eius in Scripturis sanctis diligenter inquirit. ②您兴许了解这个著名的文本。这个嘛，后来在中世纪被经院哲学在对亚里士多德形而上学的接受中加以改造，对于经院哲学来说此堪称一卓绝的精神成就。解释学通过路德特别是通过梅兰希通③才获得了其对于圣经研究的一个新的功能，这也就是说，解释学是借助于亚里士多德的修辞学才得以说明的。也是通过

相互对立（和相互应和），并且言说只是思想的外在方面，所以解释学就被认作与艺术相关联，从而它也是哲学的"（F. Schleiermacher, *Hermeneutik und Kritik*, hrsg. und eingeleitet von Manfred Frank, Frankfurt am Main: Suhrkamp 1999, S. 76. 注意：这里"艺术"一词可理解为"方法"）——是不在"哲学"之列的。此注可与本书第 7 页注③参照阅读。——译注

① "hermeneia"为希腊文术语，意为"翻译"、"解释"或"分析"等。——译注

② *De doctrina christina*. *Patrologia latina*, hrsg. von Jacques-Paul Migne, XXXIV, Paris 1845, Liber Ⅲ, cap 1, 1, S. 65. 引文的意思是："人们敬畏上帝，故于圣经愿孜孜以求。"——译注

③ 梅兰希通（Philipp Melanchthon, 1497—1560），文艺复兴时期德国著名神学家、语文学家、教育家和哲学家。曾为路德助手，协助其完成新教神学体系。所著《神学俗谈》（*Loci communes*）是早期新教神学最有影响的代表作之一。——译注

这种方式，解释学走进了新法学中条文解释的领域。与现时代之科学建构及其数学模式不同，解释学作为在理解句子和文本时所普遍使用的解释工具是与阅读文化的人文主义扩张而一道发展起来的。

后来在浪漫主义时代，施莱尔马赫和弗里德里希·施莱格尔指出，所有的理解原本就是解释。在18世纪人们曾经用拉丁名称区别理解与解释，即**理解的精致**（*subtilitas intelligendi*）与**解释的精致**（*subtilitas explicandi*）①。浪漫派认识到这两个过程要素的统一以及由此而来的语言的普遍性作用。换言之，人们不应作此设想，仿佛解释的概念是尾随着理解而来的，即是说人们似乎从语言的仓库中取出解释的概念，然后根据需要将其加诸"已经被理解了的东西"。这完全是一个错误的观点，今天实际上已不再有人坚持它了。理解不是去捕捉语言，而是它原就运行在语言之中。

① 这是指神学家埃内斯蒂（J. A. Ernesti）一个流传极广的说法："所有阐释都由两项活动构成，对表现于言辞中的意义（观念）的理解，以及对于它们的正确的**解释**。只要是一个优秀的阐释者，在他那里就一定存在有理解的精致和解释的精致。"（See F. Schleiermacher, *Hermeneutics and Criticism and Other Writings*, ed. Andrew Bowie, p. 5, n. 1. 引文原为拉丁文，根据 Bowie 英译文译出）显然，他所谓的"解释"与"理解"是先后相继的两项活动，并且"解释"只是对已有"理解"的一个"表述"（Darlegung）和复制。坚持在语言中理解的伽达默尔是不同意这一观点的。——译注

再后来在我们这个世纪，海德格尔紧接狄尔泰迈出了决定性的思想步伐，而接着海德格尔，我本人又进一步通过对科学方法概念之适用范围的限制指明，在所有的理解中都存在有作为第三种过程要素的自我理解，——这是一种应用，敬虔派神学曾称之为**运用的精致**（*subtilitas applicandi*）。不单是理解和解释，而且还有运用、自我理解，都是解释学活动的组成部分。我乐于承认，那偶然的、在历史中形成的应用概念是人为的和误导性的。但是我不能由此而期待人们能够认为，他们可以将理解运用到其它的东西上去。不，——我认为，人们应当把理解运用到其自我上来。

杜特：说到应用要素，它蕴涵在所有的理解之中，您现在已经触及了一个非常重要的观点，对此我自然有兴趣，而且也愿意进一步探讨。我们可是约定好了要谈论您的一些工作成就的。不过眼下或许我们还是应该先在您的理论渊源上多花点时间。您自己方才提到您的老师马丁·海德格尔的名字。在解释学史上，被海德格尔从其本体论追询框架中所发展出来的“事实性解释学”①是一个创新，

① S. neben *Sein und Zeit* die frühe Freiburger Vorlesung *Ontologie* – (*Hermeneutik der Faktizität*), hrsg. von Käte Bröcker-Oltmanns, Frankfurt/Main 1988 (= *Gesamtausgabe*, Band 63).

这一创新后来成为您本人哲学生涯的前提。现在哲学史写作的任务合法地就是磨平此创新的生异、认定其前提与意味。这自然也适用于海德格尔，对他而言如果说到解释学的话，狄尔泰就是有关名字中最重要的那一个。您也提到了他的名字，也许我应当把我对海德格尔事实性解释学的提问与对其与狄尔泰之分析理解的关系的提问一并请您回答。

伽达默尔：在我们当前的情境中，解释学争辩实际上是以这样一个问题为主导的，就是狄尔泰对哲学解释学形成的影响应该如何评价。无庸置疑，狄尔泰的著作曾给予青年海德格尔以实质性的触动，使其得以进一步发展和改造胡塞尔的现象学。但是狄尔泰走的是心理学的路子。而且只有在海德格尔发展出事实性的也就是说事实上的、自我发现的人的此在的解释学，并在《存在与时间》中发表以后，狄尔泰学派才由于格奥尔格·米什①而介入解释学的发展。

现今人们将解释学作为我们这个时代哲学的真正的“共通语”来谈论。解释学为什么在海德格尔那儿应该具有一个如此特别的意义，尤其是他后来

① 格奥尔格·米什(Georg Misch,1878—1965)，德国哲学家，狄尔泰弟子，著有《生命哲学与现象学：狄尔泰方向与海德格尔和胡塞尔的分歧》(莱比锡,1931;达姆施塔特,1975)。——译注

连这个名称都抛弃了？我的回答是，海德格尔首次打开了我们的眼睛，使我们看到我们在此与存在这一概念有关。海德格尔一定知道，假使没有狄尔泰、柏格森以及他自己的亚里士多德研究的推动，他就不可能走向在时间的地平线上和从人的此在的运动性之角度思考存在，这一存在向着其未来勾画自身，并从其起源处走出来。他于是将理解突显为一种实存，即我们在世存在的一种概念性的基本规定。由此而见，海德格尔的目标根本就不是一种精神科学的理论或者对于历史理性的一个批判，就像狄尔泰那样将其提出来作为自己的任务。

现在如何使海德格尔所启动的哲学工作对于精神科学也同样能够发挥影响，当然就成了一个有待完成的任务；不过对我来说最重要的则是不能只是将人的语言性归于意识的主体性，归于被置放于主体性中的语言能力，就如德国唯心主义和洪堡(Wilhelm von Humbolt)所做的那样。确切地说，我是把对谈推置于解释学的中心。这里的一个转折是，您大概明白，一条荷尔德林的名言。完全不同于黑格尔之后的那个时代，海德格尔不能继续接受对于基督教的辩证和解。他同荷尔德林一样追寻一条格言。他将这样一句话“自从我们是谈话，并且能够相互倾听”，视之为人与神的谈话。①这也许是正确的。但是基于人的语言性的解释学转折无论如何都会将我们自己也包括在“相互”之中，而且它同时还包括我们作为人必须学习这一点。问题的关键是，不仅相互倾听，而且要彼此听见。这才是所谓的“理解”。

杜　特：在您于 1960 年出版的主著《真理与方法》中存在着您跟从海德格尔的两条工作线路，一是关于精神科学中理解问题的讨论，一是对于解释学的语言论说明，这些是第二、第三部分的内容。书的第一部分则发展出对于艺术经验的一个解释学视角。如果您允许的话，我想在我们的谈话中放弃这一结构序列而直插那一在国际上发生巨大反响的即关于精神科学的部分。与此相关，《真理与方法》“导论”宣布“企图理解超出其方法意识的精神科学究竟是什么、它们与我们全部之世界经验相联系的又是什么”②。您提出的视线转折指向何处？其与精神科学方法论之论题化有何区别？

伽达默尔：我的著作的标题“方法”这一概念已经意指了它们之间的区别。我并非如贝蒂③在研究

---

① Martin Heidegger, *Erläuterungen zu Hölderlins Dichtung*, Frankfurt am Main 1952, S. 36 f.

② *Gesammelte Werke*, Band 1, S. 3.

③ 贝蒂(Emilio Betti，1890—1968)，当代意大利法学家、哲学

克罗齐和秦梯利①时所做的那样，将原先神学的和法学的解释学的方法扩展到其它领域，并以此为方法概念确定一个必要的运用范围，而是试图展示方法概念作为精神科学的立法机构是不合适的。这里需要做的不是通过我们的活动来处理对象领域。我所为之声张即为之提供一个更确当的理论辩护的精神科学其自身本来就处在哲学传统之中。它们与自然科学的区别不仅在于其运作方式，而且还在于其与对象的事件性联系，在于对传统的占有，它们总是不断地使传统向我们说话。我由此而提出应当对主导着我们关于知识、科学和真理之概念的客观认识范型以占有它和参与它的方式而做出扩充。参

家、解释学家，其针对伽达默尔的《解释学作为精神科学的一般方法论》(1962)一书曾在国际解释学界发生重大影响。根据伽达默尔一方的表述，贝蒂与他的争论是“方法”与“哲学”之争：“显然我没有成功地说服贝蒂相信，一种解释学的哲学理论——正确的或错误的(‘危险的’)——并不就是一种方法论。”(*Gesammelte Werke*, Band 2, S. 394—395)固然，作为“方法”和作为“哲学”的解释学有着不同但不相冲突的学科性旨趣，但针对于解释活动而言，二者的分歧便是：依据“方法”，解释的目的是求得对文本对象如其本身即客观的理解，而依据“哲学”，解释就是对文本对象的主体性参与；它们是哲学内部的问题，是认识论中的主观与客观、可知与不可知之争。——译注

① 秦梯利(Gentile Giovanni，1875—1944)，20世纪上半叶意大利法西斯哲学家，黑格尔哲学的极端阐释者。提倡“行动主义”或“行动唯心主义”，试图以此将经验意识与其在纯粹思想活动中的创造相整合，并因而清除理论与实践的界限。著作有《精神之为纯粹行动通论》、《行动哲学》等。——译注

与人类经验的基本述说，就像它在不仅是我们而且也是所有文化之艺术的、宗教的和历史的传统中所形成的那样，——这一可能的参与就是检验精神科学成果是丰富还是贫乏的根本标准。对此您也可以以不同的方式表达和谈论：在所有的精神科学中都存在着哲学，只是它一直未能被人完全了解罢了。

杜　特：在这一论述中您的批评者看到一种根本性的对于方法论的拒绝。人们是这样解释您的著作标题的，就是“真理反对方法”。①

伽达默尔：嗯，这样的解释给人一种片面的印象，似乎精神科学中不存在什么方法。方法当然是有的，而且人们还必须学习它们、运用它们。但是我仍然要说，我们**为什么**要进行精神科学研究，对此我们不能根据我们能够将一定的方法应用到一定的对象上去这一点而做出说明。人们从事自然科学研究，因为从根本上说是为了独立自主，为了自我定位，为了借助于测量、计算和建构而控制环绕着我们的世界，总之为了使我们至少从意愿上说能够更好地生活和生活下去，而非只是处在一个对我们漠然无为的自然之中。这个道理是不言而喻的。但

① So Ernst Tugendhat in seiner Rezension “The Fusion of Horizons” in *Times Literary Supplement* 19. 5. 1978, S. 165; jetzt in Ernst Tugendhat, *Philosophische Aufsätze*, Frankfurt am Main 1992, S. 426—432; hier S. 428.

是在精神科学中不存在这样的对历史世界的控制。精神科学通过其分有传统的形式将某种多样的东西带进我们的生活，这不是“控制性知识”，但其重要性并不因此而稍减。这个我们通常称之为“文化”。

杜　特：这里，因此而涉及一个超出了精神科学各学科之方法论的自我理解的意识……

伽达默尔：……关于其哲学内容的意识，——这样的内容使方法的概念相对化，但并不抛弃它什么。

杜　特：这一澄清是重要的。

伽达默尔：当然是的，否则我们将面临着错误的选择。方法作为工具总是好的。不过，人们必须弄清楚，这一工具在哪里使用才是有效果的！工具的冷漠是一个众所周知的现象。总是有这样两种情况存在：要么经证明是好的，要么就只是时髦的方法被应用于注定了无成效的领域。究竟是什么造就了富有创造性的精神科学家？是什么培养了一个恩斯特·罗伯特·库齐乌斯（Ernst Robert Curtius）或者一个莱奥·施皮策尔（Leo Spitzer）？是他掌握了其专业的方法吗？但那些从未发现新东西、从未提出真正具有启示力的解释的人也能够做到这一点。不是的，——不是方法的掌握，而是解释学的想像力才是富于创造性的精神科学家的标志! 那么什么是解释学的想像力呢? 它是对于问题以及问题所要求于我们的东西的敏感。

除此而外，还有一个主题需要极为严肃地对待，就是在自然科学中是否也存在有一个前面所说的解释学呢。自托马斯·库恩①以来，这是一个在最新科学理论中经常被谈到的问题，进一步说，其原因首先在于自然科学成果之理性地运用于生活实践并不由自然科学的方法来完成，——就如康德所言：不存在人们怎样才能学会正确运用规则的规则。

杜　特：在自然科学之知识领域的形成中，看来也还是有一个解释学的结构的。

伽达默尔：那是当然的啦! 而且您还可以再进一步提出这样的问题：究竟什么是所谓的既定(Gegebene)，自然科学研究以它为坚实基础而开始其行程的呢? 那儿有一个东西直接地在眼前吗? 或者那东西就像是可以看见的钟表指针的运动，或是

① 库恩(Thomas Samuel Kuhn，1922—1996)，当代美国科学哲学家、科学史家。其《科学革命的结构》(1962)将科学认识和创造活动置于其所发生的历史、社会、科学共同体和个人心理的语境之中予以说明，致力于解决科学哲学的规范性要求与实际历史的冲突。此处伽达默尔援引库恩，意在用后者的历史主义科学观支持他所断言的自然科学的解释学相关性。——译注

出现在显微镜下面的样子，而非总是经过了我们称之为理解的那一中介工作的结果呢？关于这一关系，有关哲学史的教诲，实录理论的破产，是尽人皆知的。在自然科学领域于是也是，如我所认为的，认识理论无法避开解释学的批判，即是说，既定与理解是分不开的。在所有的实录中，在所谓的知觉自身，解释学的某物作为某物理解都是有效的。

杜　特：让我们谈一谈您那个因为它而使您关于精神科学中理解的讲座挑起了诸多争论的要素吧。我指的是偏见概念的积极引入，是与此相关的对于从认识理论角度出发的有关启蒙（Aufklärung）的讨论的批判，或者更准确地说，是对有关启蒙的认识论之某一线索的批判。这有什么意义呢？

伽达默尔：彻底的启蒙向一切偏见宣战。也就是说，这是它的激情。由此它完成了一种解放，一个精神的翻身。然而如果谁由此便认为，人们自己就可以变得通体透明，变得自主其思想和行动，那他就错了。没有人能够认识自己。我们身上总是带着印痕，谁也不是一张白纸。与母亲的相互理解远在婴儿说话之前就开始了；如我们现在知道的，早在母体之中的时候。除此而外我们还知道，我们没有谁真正认识这些使他成为他而非别人的印痕。我们不只是为我们的“基因”所烙印，如现在人们所说的，而且也是被社会化了的，由此我们才能够进入我们所处身的世界和传统。我们的印痕既开启也制约着我们的视界。但是也只是因为我们根本上具有视界，我们才可能接触到那扩大我们视界的东西。

杜　特：您又要打破我的访谈设计了。说到视界概念下面可就该是您关于理解之进行方式、视界融合模式的论述。——我还是愿意在偏见这儿多呆一会儿：从认识实践的角度看，偏见是不可避免的，而且完全的自我启蒙总是一个不切实际的要求，当然这样说并不能免除精神科学家反思其期待以及将其偏见话题化的责任。

伽达默尔：当然不能了！再者，也不能免除对偏见的可能的清除，只要这些偏见不能经受住检验。不过这样的情况也是有的，即偏见经得住考验。

杜　特：对您而言，偏见之不可避免性即进一步意味着对其来源的重新评价，这就是说，权威和传统是不可放弃的，这是两个充满了误解的概念，——而且在或者也许是恰恰在我国社会政治讨论中所谓的“转向”之后，情况一仍其旧。您有一篇关于重新评论权威与传统的文章，它在您与哈贝马斯的论战中扮演过举足轻重的角色。在为《文集》而出的新版《真理与方法》中现在有一个注释提醒我们注意此事，但在正文中未见您作任何改动。

伽达默尔：没有。为什么要改动它呢？我已经讲得够明白了。如果以为权威和传统是人们能够援证的东西，那就是纯粹的误解。谁要是援引权威和传统，谁就是没有权威。此话可以不再重复。对于偏见也是同样。谁要是援引偏见，我们同他也就无话可说。谁要是相反即不愿意质疑其偏见，那么同他也是无话可说。海德格尔初年曾经使用过一个校正性的术语，叫做"偏见优越性"(Vorurteilsüberlegenheit)。而属于这一"偏见优越性"的却是如下的能力，就是承认他人意见的正确性，以及在人们了解不充分时即相信他人的知识更好，并将其作为权威。所有的学习即出自于此。当然人们自己的判断这一在行动中或在求知中都同样需要的东西，则是不能学到的。

杜　特："谁要是觉得自己根本没有偏见，因为他信赖其行为的客观性，否认其历史性，那他就是在经受着偏见的力量，这种偏见作为其 vis a tergo①将无限地控制着他。"②

伽达默尔：没错！

杜　特：是的，这是出自于《真理与方法》的一条引文……

---

① 拉丁文，意为"在背后起作用的力量"。——译注

② *Gesammelte Werke*, Band 1, S. 366.

伽达默尔:这我知道。

杜　特:……这条引文在我看来特别宜于阐明您所论述的启蒙意味(Aufklärungsangebot),如果您允许我在此关系上使用"启蒙意味"一语的话。您实际上意指的是历史意识,即一种现代精神科学中的主导意识;进而言之,您的意思还是,在此历史意识中对其对象之历史性的洞视与对其自身于历史中的缠结的盲视是同时并存的。

伽达默尔:不错,这就是历史客观主义,就是方法信仰的幼稚性,那种以为可以将自己从理解中排除出的人即为此所左右。

杜　特:"这里必须",您写到,"吁求一个较好地而非糟糕地理解的历史思想。一个真正的历史思想必须也思考其自身的历史性。"①按照这一观点,哲学解释学的任务对您来说就是,"指出理解本身所包含的历史的现实性。"您称此为"效果史原则";您的论点是,"理解……就其本质而言"是"一个效果史的过程"。②

伽达默尔:正是如此! 历史意识必须学会更好地理解其自身,并承认解释学的努力总是也为一个效果史因素所决定。我们处身在传统之中,无论我

① Ebd.,S. 304f.

② Ebd.,S. 305.

们认识到或者没有认识到它，也无论我们意识到它或者如此狂妄地以为我们可以不从任何前提开始，这都丝毫不能改变传统对我们和我们的理解的影响。

杜　特：大约两百年以来我们可是生活在一个从传统解脱出来的过程之中，这一过程是一浪高过一浪地向前涌进着……

伽达默尔：……这并不反对我关于理解之被效果史所制约的观点！您可要提防着别陷进"传统"一词的错误含义。传统不止是人们所知道的作为他们的来源、作为他们所接受或拒绝的这一来源。我看不出有什么理由不去强调在所有理解中都发生作用的传统因素的意义，它对于当前来说亦是如此。我们联邦共和国年轻的民主传统毫无疑问极大地影响了我们精神科学研究的解释学视界。人们可以举出许多的例证。不对，——谁要是以为他已经从他的效果史缠结中解放了出来，那他就错了。

杜　特：当然您不仅谈论效果史的缠结，而且也谈论效果史的反思，以及一个效果史的意识，这需要在精神科学中予以发扬。

伽达默尔：是的，——而且我们或许还可以说，这是我全部工作对于海德格尔的重大挑战之一，即我对意识这一概念的使用。但是在《真理与方法》中我并非没有提到，效果史意识与其说是意识毋宁更是存在。我们总是处身在一个确定的效果史情境之中。情境这一概念意味着，无论有无反思我们都不能将自己置于一个与情境相对的外部关系。这当然不是说精神科学家可以不去尽其所能地发展一种情境意识，他就在这一情境中面对他所试图理解的传统。完全相反！每一真正之研究都要求，应当勾勒出解释学情境之意识。只有如此才能澄清，我们兴趣的根据是什么以及我们是依据什么来提出问题的。当然我们必须承认这一工作的无终结性。对于我们自己的问题－兴趣的彻底揭示是无法致达的。总是有道不尽的东西在。但是无论如何应当丢弃客观主义的天真，打破一个将理解者之所在与真理相分离的幻象。

效果史意识知道，在它面前将自身展示为研究对象的东西不是那种由研究的进展而逐步地揭出其自身之存在的对象。它能够在一个历史的现象中——在一幅图画，一个文本，一个政治的或社会的事件中——更看见自我的他者，在这他者中它学习如何更好地理解其自身。当然，不能由此而否定对于现代精神科学之解释学情境而言是标志性的张力关系。不将过去与现在的张力关系在一个匆匆等同中掩盖起来就是历史意识的成就，因为它懂得过去的另一面性。不过由此它或可能只是知其一半。效果史的效果属于整体：精神科学家的解释学情境总是介于陌生与熟悉、传统之单纯的对象性与对传统的隶属性之间。精神科学认识其本身总是含有某种自我认识。这种运用是我们所无法避开的！

杜　特：或许我现在可以捡起前面我回避了的运用概念。您对这一概念进行探讨的那一大章试图将在神学的和法学的解释学中被认可的应用任务作为解释学的基本问题而推衍为对于精神科学各学科来说也是有效的原则。通过效果史意识对历史意识的修正被作为对重建论解释学（Rekonstruktionshermeneutik）①的修正而继续进行。您指出，在历史学家和语文学家的重建话语中总是也潜藏着一个运用的话语。这一运用要素是如何地发挥其作用呢？

伽达默尔：嗯，——我在前面已经说过，这并非是指先对某物有了理解，然后再将之运用于别的事物，而是只有这运用对试图理解的人来说才是对于事物的真正理解。在所有的理解中都有一个运用的发生，因此那一理解者自己就在被理解的意义之

① 这一“重建论解释学”有时也被批评为对作者原始创作过程的“心理主义”重建或复活。这种批评性概括是否适合其对象如施莱尔马赫、狄尔泰和贝蒂等，在学术界是有争议的。——译注

中。他属于他所理解的事物。

杜　特：您能否举例说明这一点？这在精神科学、文学科学或者历史科学有怎样的表现？这些学科的解释学实践通常可都不想着运用的问题。

伽达默尔：这也不是我的意思！我不是说解释学实践每次都要被一个运用的意图所引导。运用是一个于所有理解中的潜在因素，绝不与真正的科学性责任相冲突。不是为了因着眼于可疑的“应用”而去使用传统的片断，而是为了根本地去理解它，我们才必须进行运用的工作：为着把握一个传统片断的意义，我们就必须将之联系于我们所处身的具体的解释学情境。每一个理解某物的人，他就在此物中理解他自己。这对于精神科学家也是如此。在他的工作中，从前与今天、他所面对的历史传统与他本人的当前状况交互作用。

杜　特：这是否就排除了对于传统片断之终结性理解的可能性呢？

伽达默尔：每一次与传统的相遇历史地说都是不相同的！我们不同地理解，只要我们真的是在理解，就像我在《真理与方法》中所描述的那样。①

---

①　Ebd., S. 302:“理解实际上不是更好的理解，既非在经过明晰概念的事实性的更好理解的意义上，亦非在原则性优先的意义上，这种优先就是意识到的东西对于创造中未意识到的东西的优先。我们完全可以说，我们**不同地理解，只要我们真的是在理解**。”

杜　特： 在您将理解过程作为视界融合描述时，这也是被强调的。两种视界在哪里融合，哪里就会出现从前所没有的东西。

伽达默尔： 是的，——这是持续不断地发生的事情。视界不是僵硬不变的，而是运动性的，它们总处在运动之中，因为我们的偏见总是在不断地经受着考验。这种事情也发生在与传统的每一次相遇。

杜　特： 视界融合包含着一个重建论解释学的要素，一个对于精神科学家、语文学家或历史学家所研究的事物的历史视界的规划，而这如您自己所强调的，属于科学性要求之下的视界融合的特殊性。不过您同时还讲过一个"在理解过程中的时段要素"，这一理解自身并非一成不变，而是"被其自己的当前的理解视界所超越"。①

伽达默尔： 正是如此！一个有历史修养的解释学家虽然将传统的视界与其自己的时间视界相区别，但是其理解实际上也含有两个视界的交互作用。在理解中对历史视界的规划，这一视界与当前视界不同，是无效的；理解意味着一个新的历史视界的获得。

杜　特： 您将视界融合的进行形式与对话的进行形式作过比较。就像在两个对谈者之间寻求对于

---

① Ebd., S. 312.

一个主题的理解的相互一致性一样，在语文学家与他的文本之间、在历史学家与他的研究对象之间也发生着一种交流、一种“解释学的对谈”①。对于这一类比，人们不是无限制地接受的。尤其是您关于这一对谈之前提所给出的说明是让人迷惑不解的。您认为该前提位居传统的那一边，这在效果史概念的框架内是合理的。但是人们把您的比较看成是一种风格化，它赋予传统以一个错误的行为名称。于是传统就被提升到主体的位置。

伽达默尔：嗯，我相信我已经讲清楚了不是这样的，即不是一个主体面对着一个客体或者一个客体的世界。而是在人与其相遇的事物之间有一种东西在反反复复地发生着作用。因此它是人所能获得的最基本的经验之一，这种经验就是他人能够更好地认识他。但是这意味着我们必须重视与他者的相遇，因为总是有这样的情况存在，即我们说错话以及后来证明我们说了错话。通过与他者的相遇我们便超越了我们自己知识的狭隘。一个通向未知领域的新的视界打开了。这发生于每一真正的对话。我们离真理更近了，因为我们不再固执于我们自己。那么为什么与那个于其中有某种东西讲给我们的传统之相遇也是一种对谈呢？嗯，——它之所以是

① *Gesammelte Werke*, Band 1, S. 391.

一种对谈，那是由于与我们相遇的东西向我们提出了一个问题，而我们又必须对它做出回答。出自于传统的某种东西吸引了我们——一件艺术品，一个我们一下子就理解了的事件：它牵引着我们，就如同一次对谈的伙伴那样。

杜　特：没有完全令人信服的是，传统竟会提出问题。这显然是您在有关问题与回答一章的要点，对此您在全书的末尾再次予以强调："解释的那个像论证一样的开始实际上即是回答，而且就如每一回答一样，一个解释的意义也为被提出的问题所规定。**问题与回答的辩证法，因而就先于解释的辩证法而出现。它是这样的一个辩证法，即它规定着作为一个事件的理解。**"①可是您却把这一论题带到了与一些专业解释学家之自我理解相冲突的境地。

伽达默尔：然而这很重要！我们究竟何以有能力提出我们的问题？假如我们提出问题，我们回答的又是什么呢？毕竟不存在从天上掉下来的问题。是什么唤醒了我们的兴趣？这就是首先！在每一试图理解的开始就存在着一种相关性——例如相关于某一我们应当回答的问题，这一问题使解释学家的知识被置于不确定性之中，使他面对着质询。为

① Ebd., S. 476.

了回答，当事者就从他自己那方面开始提问——没有人凭空提问！其它的一切都是科学主义的意识形态！不，——理解不是在精神科学结束对于某一对象的研究时才有的事情——它一开始就有，而且是一步步地走向对整个过程的全面控制。

因此，我必须再次强调，精神科学之所以获得其突出的地位，绝不是因为它们是科学。作为科学，它们不比别的科学部类拥有更好的方法。精神科学之获得其突出的位置，那是由于我们总是从中领会到某种东西，对于这种东西我们压根儿不知道我们竟总是已经渴望知道。它是一定要首先讲给我们——而后我们方才回答说："我理解了。"

杜　特：但是您怎样才能确定在这个"我理解了"中的"我"呢？人们批评您，说您根据效果史原则将理解者主体贬低为一个对于绝对的、全权的、被作为超主体的传统的单纯反映。"传统就是它的和经由它的传承物之传承，这传承仅仅发生在传统内部并且是为了其自身"，曼夫雷德·弗兰克是这样表述的，他担心在如此情况下暗隐于理解的对谈模式亦如于视界融合模式内的要求，即要求在每一理解中都必须有新的东西产生，只能人为地由此而合法化，即超主体传统"为其自身内容之充盈所撑破，即在意义的个别闪现中一个潜在的解释之不可穷尽性要求形诸语言”。①虽然弗兰克的反对意见并不能说服我，但我还是愿意重复在其批评中所出现的一个问题：假如理解为效果史的效果所控制，那么您怎样辩护您自己在前面所引用过的论断，即“我们**不同地**理解，**只要我们是真正的在理解**”呢？您怎样在您的概念框架之内予之以确证呢？

伽达默尔：嗯，——我的回答是：通过语言。在应您要求而顺便对解释学历史所做简短的评论中，我已经想到了浪漫主义者的观点，即所有的理解都是解释，而且理解与语言相联系。《真理与方法》的第三部分主要就是讨论理解的语言性这一问题的。当我说到一个与传统的解释学对谈时，那就是如该书这一部分所试图表明的，它并非一个比喻性的说法，而是对于我们理解传统这一活动的准确描述，此理解经由语言媒介而实现其自身。语言不是理解的补充。理解与解释总是相互缠结在一起。语言性的解释使理解变成为确定的证明，它是在与传统的相遇中被理解的意义的具体化。传统提出问题并勾画出答案的轮廓，这在一个效果史所决定的情境中屡见不鲜，但这绝不是说传统就是一个超主体。与传统的对谈是一个真正的对谈，被卷入其言

① Manfred Frank, *Das individuelle Allgemeine*, Frankfurt am Main 1985, S. 20—24; die Zitate S. 33.

说的人积极地作用于这一对谈。因为,解释性的语言就是他的语言。它不是他所试图揭示其含义的文本的语言。就此而言,对传统的阐释从来就不是对它的单纯重复,而总是例如理解的一个新的创造,这一理解在解释性的语言中获得其确定性。

杜　特:一个出自古老解释学传统的概念,即"极标"(Scopus)这一概念,您自己总是反反复复地使用。

伽达默尔:哦,是的!这是梅兰希通以来一个基础性的观点。

杜　特:谁要想确当地理解一个文本,谁就必须追询此一文本的"极标",即追寻其主要意图、其中心观点。对"极标"的掌握将为无尽的精细入微的理解工作奠定基础。假设要我说出《真理与方法》第二部分的"极标"的话,那么我会说,其基本意图既不在于将精神科学描述为"科学"这一自主功能系统的组成部分,也不在于将其作为由专家世界和普通人世界结合起来的经验世界的一个构件,"经验"是您分析效果史意识的一个基本术语。在对该词的清理中,您与其他哲学对经验概念的解释完全不同。例如,阿诺德·盖伦①将经验的特点说成是选

① 阿诺德·盖伦(Arnold Gehlen,1904—1976),德国哲学家,哲学人类学的主要代表。主张人以文化为其本质,也就是说通过文

择性的、完成性的、有创造能力的以及可分成系统的等等。这一特征系列完全是基于所谓经验科学的经验概念，而且盖伦也明确地将其与典范性的“自然科学的‘抗拒危机的能力’”相联系，属于此一能力的正就是事先将其它的经验排除出去，而仅仅允许某些特定的经验。在将此模式标举为生活规则时，盖伦关于有经验者写到：“应当在意识中被允许的以及在其中被彻底加工的东西，必须从意识中予以控制，或者人们就是知识分子或启蒙者。”①您的经验概念与此不同。

伽达默尔：是的。不过，——这不是“我的”经验概念，而是在生活世界中经验被如此地经历着。此外，盖伦的反例对经验现象特征的描绘就如下的意义上说也是正确的，即经验实际上导致了人最终获得经验。但是这不能意味着他现在对某物的知识是一劳永逸的，他自己在这一知识上是固定不变的，而是说他对于新的经验是开放的。谁是经验的，谁就不是教条的。经验自由地创造出对经验的开放

化活动克服其生物性的不完全性，从而完成对其本质的塑造。他对文化的崇尚也表现在这里所引的对经验的描述。重要著作有《人，他的本性及其在世界中的位置》(1940)、《科技时代的人类》(1957)和《人类学研究》(1961)等。——译注

① “Vom Wesen der Erfahrung”, in *Anthropologische Forschung*, Reinbeck 1961, S. 26—43; die Zitate S. 41 und S. 37.

性，这一点就像我在涉论经验概念的那章所表达的，而且实际上我是将此作为全书的中心篇章的。①在我们的全部哲学中，经验大概是最不被了解的概念，而且这正是由于它将所谓的经验科学以其从实验出发而推置为典范。经验科学只允许这样的经验，即从中人们只收获那些“从方法上”有保障的问题答案。可是我们的生活全然不是如此。我们不是按照确定的程序抵抗危机地生活着，而是我们必须经历我们的经验。因此我援引了埃斯库罗斯(Aischylos)的名言“经由痛苦而学习”(pathei-mathos)，其中的寓意远不止于吃一堑而长一智这一智慧。埃斯库罗斯指向的是我们的有限性。不，——在我们的经验中我们并不终止什么，我们持续不断地从我们的经验中学习新的东西。实际上，精神科学之具有其特殊的意味就在于所有经验的这一不可终止性。与自然科学相区别，它们没有我们不去怀疑的“有保障的”成果。在精神科学中我们不断地从传统获得新的东西。但是这有一个前提，即真正的经验意愿，亦即对真理要求的开放性姿态，这一要求与我们在传统里相遇。这样我们便超出了

① *Gesammelte Werke*, Band 1, S. 361:“经验的辩证法不是在一个终结性的知识而是在那一经验的开放性中实现其自身，这一开放性是通过经验本身而被自由地创造出来的。”

仅仅是历史的排序而碰到了另一种东西。我们有了理解。而这也总是说，我们从那封闭着我们的蒙昧中回归到自己。

杜　特：属于这一关系的是，您并不想提出一种功能学说，这样的学说将派给精神科学以一个确定的在我们经验范围之内的工作目标。众所周知，60年代初约阿希姆·里特尔（Joachim Ritter）有一篇后来变得有名的描述“在现代社会中精神科学的任务”的论文，其中就提出了这样一个功能学说。里特尔认为，这一任务就是，精神科学应当把对于我们的社会，即一个为科技持续现代化之强制系统所主宰的工业社会，所有那些“变成为一种‘纯粹历史性的东西’想像为这样的历史性的东西……”①。精神科学，里特尔这样说，补偿“在其中古老的历史财富……被排挤出去的实际运动……”，保证那“远离当前现实的东西”作为……“历史的东西”②。因为现代化而造成的某些事物的远逝，将在对它的知识形式中变得可以接受，精神科学由此便最终为自然科学、技术和工业诸领域做出贡献：它们以“历史意义”帮助我们回应现代化的牺牲者，以此方式

① “Die Aufgabe der Geisteswissenschaften in der modernen Gesellschaft”, in ders., *Subjektivität*, Frankfurt am Main 1974, S. 105—140; hier S. 132.

② Ebd.,S. 133.

它们就使得“现代化成为可能”①——接着里特尔、奥多·马克瓦尔德(Odo Marquard)是这一观点的最重要的代表。不过就我所知,您是不能接受这个补偿定理的。

伽达默尔:是不能的。我之所以不能接受由里特尔出发的精神科学的功能规定,乃是由于我认为偏执于科学概念以及在科学中发生作用的历史意义与事实不符。19世纪曾经为精神科学奠基的历史意义并非最终的结论,它不过是今日人类经验世界及其与传统之关系的一个过渡性表现。我必须承认,我后来未再仔细地研究过里特尔学派的著述。但是我认为,补偿定理低估了精神科学的经验潜能。我们怎能预先就知道传统经验将把我们引向何种见识、何种理解以及自我理解,并且世界的传统并不只是欧洲的!在精神科学中实际上也同样有理的是,我们不仅要承认在其他者性之中的世界传统,而且还要承认这一他者性的吁求。在此意义上即是说,世界经验对于我们是有价值的。为此就需要开放性,——这我在前面已经讲过了。将精神科学奠基于历史之上,这也像里特尔所描绘的那样,

① Odo Marquard, “Über die Unvermeidlichkeit der Geisteswissenschaften”, in ders., *Apologie des Zufälligen*, Stuttgart 1986, S. 98—116; hier S. 105.

是不能允许这一原则性的开放性的。当里特尔把传统界定为历史的事物时，他的思想就仍然处在其导师海姆佐特(Heimsoeth)的阴影之下，尽管他毫无疑问也做出了使他自己卓尔不群的巨大成就。不，——对于与传统相联系的实际生活而言，强调补偿理论是不相宜的。被我们所经历的传统经验是一个解释学的过程——没有终点，总是超越于所有的社会政治的功能表达。

杜　特：另外与里特尔学派相区别的是，您没有把精神科学解释为仅仅是叙述性的科学。

伽达默尔：它们确也不是如此。当然我不是没有研究过叙述的问题。在我后来的著作中这个问题扮演着一个不小的角色。精神科学中有叙述，可是也不断地有概念化活动，有新的概念性视界的出现。毋庸置疑也有统计分析，有相互比较以及文本阐释。但不过都是为了使我们学会更好地理解自己。就像柏拉图所称赞的演说家伊索克拉底①，这里存在着如其思维方式“推理”(dianoia)②所具有的那哲学一类的东西。此外在我们以“哲学史”相称的

① 伊索克拉底(Isokrates，公元前436—338)，古希腊演说家、教育家，与柏拉图同时但年纪稍长。《洛布古典丛书》收有《伊索克拉底演讲集》。——译注

② “dianoia”在古希腊语中有理智、心灵、思维、推理等意思。——译注

事物中情况亦复如是，——它关涉于我们，因为其中有哲学。关键的仍然是这一点：人们必须重视《真理与方法》何以叫这个名字；方法就是不能界定真理。它不能完全领会真理。

杜　特：假使有人将在《真理与方法》第三部分阐发的关于理解与语言性关系的主题缩小为只是理解传统，只是与传统文本的对谈，那么他就不会正确地把握这部分的价值。“以语言为主线的解释学的本体论转向”①在谈论语言与理解的关系时，不仅联系于那个著名的“向着文本而存在”的命题，而且更突出了在我们生活实践整体中语言的解释学功能。您的论题，“在理解中所发生的视界融合是语言自身的功能”②，涉及的是“人类生活共同体的所有形式”③。具有这一功能的语言本质上是什么呢？

伽达默尔：对于这一问题我只能以完全赞同维特根斯坦著名论题的形式作答：不存在私人语言。谁要是言说一种语言而无人能够理解，他就等于没有言说。言说意味着对某人的言说。语言不是那种归于个别主体的东西。语言就是一个我们，在此我

---

① *Gesammelte Werke*, Band 1, S. 385—484.

② Ebd., S. 383.

③ Ebd., S. 450.

们之中我们相互归属，单个的人没有其固定的界线。但是这意味着，我们必须跨出我们一切的界线，以此我们获得理解。这实际上就发生于活生生的对谈交流。所有的生活共同体都是语言共同体，语言只存在于对谈之中。

杜　特： 直到最近您一直都在进行《真理与方法》第三部分所阐述的对谈哲学，而在新的著述中这项工作又有了推进。

伽达默尔： 不错，这的确就是我最近三十年来一直在从事的工作。

杜　特： 或许人们甚至可以说，这也是您从类属上相距甚远的各种不同工作的共同点，即对于对谈的追求。您那篇根据友谊之损失而考量其价值的社会哲学论文①，与您那探询抒情言说中你我共同作用的诗歌阐释②，在一个致力于我们生活之对话经验的思想运动的统一性中相互补充。我因而认为，我们应当如此地强调这一方向，即在这一方向中——大概在您著作的其它地方不是这样——凸现出一种对海德格尔的反对意见。当您起初在谈论荷尔德林诗行的阐释时，这一点对我来说又变得清

---

① "Vereinsamung als Symptom von Selbstentfremdung", in *Lob der Theorie*, S. 123—138.

② *Wer bin Ich und wer bist Du?*, S. 10—13 und insbesondere S. 34—44.

晰可见。在《真理与方法》中也存在着一个对海德格尔的批判。

《存在与时间》仅仅看到非本质闲谈的衰退形式；虽然1939年举行的尼采讲座说到“交换式理解”即人类的“首要关系”①，但是它立刻又反过来批评“流行的观点”，这种观点认为，“理解已经是屈认、软弱以及对争论的放弃”；它取而代之地宣布，“理解是最高的和最艰难的战斗，比一场战争都更艰难，而且无限地远离于所有的和平主义。理解是为了一个根本目标的最高的战斗，历史的人性在它自己的上方高高地竖起这一目标。”②或许这些句子所包含的战斗的意识形态促成了您对理解的另一种理解的寻求。——我也注意到，在您关于对谈的著述中您不去考虑后期海德格尔那一神秘的思索，那一提议，“不要再把每一相互言说称之为对谈”，而是这一名称从此以后应该如此听到，即“它向我们说的是对语言本质的总括”③。在您那儿我没有见到这个建议。

伽达默尔：我没有提出过这一建议，可是我是遵从它的。

---

① *Nietzsche*, Band 1, Pfullingen 1961, S. 578.

② Ebd., S. 579.

③ “Aus einem Gespräch von der Sprache”, in Martin Heidegger, *Unterweg zur Sprache*, Pfullingen 1959, S. 83—155; hier S. 151.

杜　特：无论如何在您对对谈之理解的追寻中出现了这样一些特点，即积极地采纳被海德格尔所排斥的“流行的观点”，并使之作为基本可信的观点而发挥作用，这些观点包括“我们必须考虑他者”，“对谈参加者应努力使他人性和敌对性在他自己那儿发生影响”，“我们需要听取他人意见”并因此而“使我们不再依然如故”①，等等。在这些观点中，当然就不只是存在着与所引之海德格尔的内容性的区别；在各种规定的分歧中更表现出在理论形式、在哲学“方法”上的区别。

伽达默尔：可能是这样吧。

杜　特：我愿意这样说：与海德格尔不同，您不想创造出一个新的对谈意识和理解意识，而是试图解释已经存在了的关于对谈之实质的理解。因此您是接续着在我们日常谈话中关于“理解”和“相互言说”所讲出的东西的。您曾在您的一个小传里给予人道主义通信②那一著名的说法以一个在此关系上的富于启发性的回答：“语言，”您在那里这么说，“不只是存在之家园，而且也是人的家园，人在那儿居住、布置、相遇、在他者中相遇，……这在我看来

---

① *Gesammelte Werke*, Band 1, S. 389; S. 390; S. 346; S. 384.

② 指海德格尔写于 1946 年秋的《关于人道主义的通信》。——译注

依然是真实的。”①兴许，说“人们”的家园而不说“人”的家园将更是伽达默尔式的?!

伽达默尔：我还是赞成单数！只有说到单个的人才会有一个你。“人们的”在我听起来太集体主义了。但是在道理上说我是完全支持您的。可以肯定，——那里有一个视向的转换。也有不同的禀赋和才能。首先我当然不具备海德格尔在从事哲学时所依赖的令人惊异的思想冒险能力。我经常说，海德格尔与我的一个基本区别在于阐释的谨慎方面。我在阐释时要比他小心。这是由于如果我不为正确的东西辩护，我就失败了。而海德格尔还能够为错误的东西辩护。

杜　特：您这是诡辩。

伽达默尔：不对，——这不是诡辩！海德格尔的说服力是那么的强大，其据以为错误辩护的论据是那么的不可反驳。我有很多与他相处的例子，我对他说：“但是您听着，海德格尔先生，这里的情况可是如此这般。”他最后回答：“是的，这儿您说的对。”但他马上又接着问：“这是什么意思？难道海德格尔所有的都错了吗？”“不，”我回答说，“不是所有的。但这里的是错误的！”“是的，这儿您说的对，”他咕

---

① “Die Aufgabe der Philosophie”, in *Das Erbe Europas*, S. 166—173; hier S. 172 f.

咏着说。然后他就让错误的东西依然不作改正地印刷出去。于是,——这就是说:荷尔德林对他而言没有他本人的思想那么重要。

杜　特: 这是不太愿意学习,而且这肯定也不是**您的**共享性理解(Verständigungsverständnis)①的例子。更确切一点儿说,人们可以认为这就是自恋情结,并从精神分析角度予以探究。

伽达默尔: 不对。为什么竟要从精神分析角度探究?我更愿意将海德格尔所提出的问题重新提问一遍。海德格尔之接触诗歌,实际上是出于语言之不足。他要为一个真正有新意的提问方式寻找概念,寻找那些能够鲜明地将时间结构表现为存在本身的基础结构的概念。为了做到这一点,他依赖于诗歌。依赖于格奥尔格②,依赖于特拉克尔③,以及

① 在"共享性理解"中,伽达默尔特别强调"理解"(Verständnis)的"共享性"(Verständigung)特性,虽然"理解"原本就存在有"共享性"。这两个德文词意义接近,有时也可以互换。——译注

② 格奥尔格(Stefan George,1868—1933),德国诗人,尤工抒情诗,唯美,尚实验,作品多在以他为核心的所谓"格奥尔格小圈子"中流行。1965年以来批评家常把他与怀旧的反现代主义和政治保守主义等潮流相联系。——译注

③ 特拉克尔(Georg Trakl,1887—1914),德国诗人。作品多表现世界的"破碎"(Entzweibricht)和由此而致的"痛苦"(Leiden)。他对无意识语言的神秘实验,以及对常人难以涉入的绝域的冒险,赋予其诗歌以持久的魅力,对表现主义有相当影响。其成就最先得到里尔克的承认:"特拉克尔的经验仿佛是在镜像中表现出来的,它占据

荷尔德林的“大地”，最后则越来越依赖于荷尔德林。

杜　特:也就是说,依赖于他的误读。

伽达默尔:啊，不。虽然经常是有暴力性的误读,但海德格尔的荷尔德林阐释还是要比其他人的更富于启发性。

杜　特:不过让我们仍然回到海德格尔与您对于对谈、对于语言性共在的不同阐释：在您关于该主题最重要的文本之一，即在《对谈之无能》一文中,我读到:“就像我们对世界的感官知觉不能不是私人性的一样，我们的内驱力和兴趣也是个体化的，而且那一对所有人都是相同的、有能力去把握对所有人而言的相同点的理性,最终还是无力对抗我们自身之个体化所培育的屏蔽。因此与他者的对谈，无论他者持反对意见抑或赞成意见，理解以及误解，即意味着对于我们个体性的一种拓展，对于可能之相同性的一个探查,理解鼓励我们去做这样的探查。”①在此意义上,解释学哲学是将对谈作为我们走向理性的主体间性的能力来论述的。

伽达默尔:您可不要让我谈论主体间性这一完

了一个独有的他人无法进入的空间，这个空间就像在镜子里面。”——译注

① *Kleine Schriften IV*, Tübingen 1977, S. 109—117; hier S. 112.

全是误导性的概念，一个加倍了的主观主义！——在上引文字中我哪会有如此大胆的建构：一个对谈就是我们陷入其中、我们卷进其中、我们无法事先就知道其“结果”会如何地活动，我们也不能随便就中止它，除非使用强力，因为它总是有话要说。这是一个真正的对谈的标准。每一个词都要求着下一个词；即便是所谓的最后一个词，虽然实际上并无这样一个词的存在。对谈有助于达到一个更好的见解，对谈具有改造性的能力，对此毫无疑问我们每一个人都有亲身的经历。如果以为当一个人向另一个人说话，而他却并不想与其沟通，那就是天真和愚蠢。但是当然啦，即使我们并不能够在我们的观点之间找到共同点，其中也仍然可以有理解。于是这就如人们对于此类情况所说的，“不是好的对谈”。不过我可不喜欢持守一个“观点”。我的解释学经验警告我远离这样的非分之想，——因为在对谈中我们所发生的一切实质上都是没有终点的。

2

美学：解释学与解构论的相遇

杜　特：1981年您与德里达在巴黎相遇①。但是一个富有成效的讨论那时并未发生。或许我们应该这样理解，德里达本人就拒绝对谈。后来这次相遇被整理成文献。有一系列的文本，它们将口头上被忽略的东西予以文字上的重新建构和评注。我指的是，比如说，《文本与阐释》②，是1984年出版的一个集子，以及一个新的、被扩充以若干篇有趣论文的版本《对

① 指伽达默尔与德里达在福热教授（Philippe Forget）组织的以“文本与阐释”为题的研讨会（1981年4月25—27日，巴黎歌德学院）上的相遇。两人在会上各发表了一篇论文，德里达对伽达默尔的论文提了几个问题，伽达默尔对德里达的问题作了简单的回答。虽有交锋，但很不充分，所以有人怀疑他们是否真正地相遇，——下面紧接着的一句话就是这个意思。——译注

② Hrsg. von Philippe Forget, München 1984.

话与解构》①。您在您的巴黎讲演中赞赏与法国学术界的相遇是一个“真正的挑战”。②在一篇属于事后回顾的论文《拆毁与解构》(1985)中，您这样写道:“谁要是让我精心呵护解构论，让我坚持差异，谁就是已经起步对谈，而不是站在对谈的终点上。”③您与德里达的对谈今天是处在一个什么位置?

伽达默尔:问题是德里达是否能够进行一场对谈。情况可能就是如此，即他的思维方法不允许他进行对谈。——他是一个思辨的大脑，所以我才试图争取他而不是他的法国前辈作为真正的对谈参预者。我之所以注意到他，是由于当其试图追随海德格尔时，与所有其他人不同，他是真正从亚里士多德那儿开始的。可以肯定地说，福柯是具有同等重要性的一个人物，但是他不像德里达那样是站在一个真正地推进海德格尔的路线上。然而还是存在着一些界线；这里的一个界线是，即使它不是不可能更改的，德里达将海德格尔和我自己放在逻辑中心主义的位置上，并相反地得出结论说，尼采才是正确的。似乎情形不可能是别的什么:人们只能从

① *The Gadamer-Derrida Encounter*, hrsg. von Diane P. Michelfelder und Richard E. Palmer, Albany 1989.

② *Gesammelte Werke*, Band 2, S. 333.

③ Ebd., S. 372.

事快乐的科学，只能寄希望于令人惊异的对于错误前见的瞬间改造，由此我们就突然间眼前有亮光闪现，但当我们再次追索同一文本形象时，这亮光旋又消逝。

因此，我认为，德里达与我本人的区别就是通过相互言说，我愿意求得与他的彼此理解。如您所知，前些年当关于海德格尔的论争趋于高潮时，他可是在这里的。当时他也处在一个被批评为海德格尔主义的境地。他因而寻求与我联系，并带了几个密友来。顺便提一下，他对我可总是友善的。为了表示客气和尊重，我说定使用他的语言交谈。但对我们来说这并不太奏效，因为有太多的人出席，而且很多人不懂法语。①不过，这里情况也一样：德里达再次表现出对话的无能。这不是他的强项。他的强项是抽线团编故事——一路地编下去，构造新异的观点，又出奇不意地杀将回来。这就像是……

杜　特：……就像是一个潘奈洛佩的把戏②？

---

① 此次对话的主题是海德格尔思想的政治维度，全部录音资料存于西德广播电台，未整理发表，知者不多，故国际学术界一般仍把1981年的巴黎会议视作解释学和解构论的首次短兵相接。——译注

② 潘奈洛佩是古希腊传说奥德修斯的妻子。奥德修斯远征未归，生死不明。家中聚集了许多求婚者。为敷衍求婚者的催逼，拖延时间，潘奈洛佩佯称待织完一件袍料后再议婚事。她白天织布，晚间拆散，如是三年。最后被使女泄露秘密。——译注

伽达默尔：是的，也是如此，不过在潘奈洛佩的把戏里，实际上存在着反思的特征，他没有进一步发挥出来。我自己使用这一比喻：一个关于重新拆散的比喻。在哲学里最糟糕的是，人们不再去拆散，而是相信能够从曾经达到的某一位置一直地往前行进。哲学的目的总是，通过对思想的新异的探求而达到最大可能的对事物的接近。就此而言，我为自己没有"代表"我的哲学的学生而感到高兴。一个公司是可以由人去代表的。通过思想的寻求，人们自己从事着哲学。这样我的学生都在进行着独立的工作，其中有些是很有趣的工作！

杜　特：比如，汉斯-罗伯特·尧斯和他的接受美学[1]。他的研究课题可能是对《真理与方法》的最著名的继续。

伽达默尔：大概是的。但是我想说，他尚未真正地一直挺进到哲学维度。从《真理与方法》出发，他取得了一些从语义学上看可谓硕果累累的成就，不过对此我不能为自己编织桂冠。作品也有一个效果史，这个我们早在赫尔曼·格里姆(Herman Grimm)

---

① 汉斯-罗伯特·尧斯(Hans-Robert Jauss)，接受美学"康斯坦茨学派"的重要代表。属于该学派的另一位与之齐名的批评家是沃尔夫冈·伊瑟尔(Wolfgang Iser)。他们都是伽达默尔的学生。——译注

的《拉斐尔传》①那里就已经基本清楚了。尧斯即属于此一效果史系列。

杜　特：然而他还是以一个接近于布拉格学派的理论成果而丰富了该系列……

伽达默尔：……不用说就是结构主义一类的成果啦。当然，我不想否认所谓接受美学成果的价值——既不否认其历史学成果的价值，也不否认其方法论成果的价值，这就是说，不否认其关于研究过程要标准化的建议。不过要说这一切与我有关，则不够准确。谁要是真正地读过我，谁就会对我的著作产生不同于尧斯那样的兴趣。我可以肯定这一点。而且实际上情况早就如此了。

杜　特：就某一点而言，尧斯并不曾想过为其接受美学要求一个继续推进的角色，而是一个更正性的角色。我指的是关于"古典范例"的讨论。

伽达默尔：是的，——并且正是在这一点上尧斯完全误解了我！

杜　特：尧斯和他的几个学生在《真理与方法》的这一章，看见了一个活动着的古典主义，对此古典主义来说只有"那从古典时代无与伦比的原创性

---

① 赫尔曼·格里姆（1828—1901），德国文学史家和艺术史家，有多种文学家和艺术家传记传世，如《米开朗琪罗传》（1860—1863）、《歌德传》（1877），以及这里提到的《拉斐尔传》（1872）等。他还是德国文学史上有名的散文家。——译注

取得其法度”①的艺术创作才有被理解的价值。这就是一个古典主义，其中表现出一种实体主义的对传统的理解，而这一理解与您书中从历史角度阐发的理论部件根本上是互不相容的。利用“从黑格尔那里接受过来古典概念，它是自明的”②，您掩盖了实际上所有艺术、文学，还有所谓古典作品都与之相涉的历史性，掩盖了作品与当代的张力关系，并同时建立了传统之超历史的权力。据称，“流溢”③在此就是您的错误的思想图像。

伽达默尔：完全不是这样！您所引及的话与您所提到的章节全然对不上号。古典在我看来是一历史性的、一时间性的概念，一种关系的规定，此规定所表示的不是一个质，而是一个解释学的关系：一个“保存的优先性”④，如我曾经所称的那样。这与

---

① So Rainer Warning, “Zur Hermeneutik des Klassischen”, in *Über das Klassische*, hrsg. von Rudolf Bockholdt, Frankfurt am Main 1987, S. 77—100; hier S. 86.

② Hans-Robert Jauss, “Literaturgeschichte als Provokation der Literaturwissenschaft”, in ders., *Literaturgeschichte als Provokation*, Frankfurt am Main 1970, S. 144—207; hier S. 187.

③ Ebd.,S. 188.

④ *Gesammelte Werke*, Band 1, S. 292: “古典所表示的不是一个与确定的、历史的表象相关的质，而是历史性存在自身的一个特殊的方式，一个历史的保存的优先性，这一保存——在一个不断翻新的考验之中——使真实的东西存在。” [关于伽达默尔的“使在”(Seinlassen) 概念，参阅他在其著作《美的现实性》中所做的如下解释：“关键于是就在于：凡是在的东西就使它存在。但是使在并不意

新柏拉图主义的流溢说、与古典主义的风格理想毫无关系。但是要想理解这一点，人们就不应该从方法论争的层面上阅读此章节。

杜　特：您的批评者尤其不满于那个句子，其中您实际上是借取了黑格尔美学讲演录的著名命题："古典就是自我保存的东西，因为它自我意味、自我阐明……它对每一个当代都这样地讲些什么，仿佛这些什么只是对此一当代之所讲。"注意，此处①是一个经过删削了的引文，但此处的删削与冗余无关，而是它删掉了您的句子的解释性核心。您完整的句子是这样的："古典就是自我保存的东西，因为它自我意味、自我阐明；它因而以如此的方式说话，即它不是关于一个下落不明者的报告，不是单纯的自身尚需阐明的对于事物的证明，而是它对每一个当代都这样地讲些什么，仿佛这些什么只是对此一当代之所讲。"②如果人们是这样地阅读的话，那么看不出它有什么不合情理之处，且无论如何都不是对传统的形而上学化。我想，所引的段落是自明的，

味着：只是重复人们已经知道的东西。不是在一种重复经历的形式中，而是通过相遇，人们自己确定地使曾经存在的东西为其现在的存在而存在。"(S. 65)]

① In Hans-Robert Jauss, *Ästhetische Erfahrung und literarische Hermeneutik*, Frankfurt am Main 1982, S. 791.

② *Gesammelte Werke*, Band 1, S. 295 f.

无须做如此的信仰投入或者对此信仰投入的否定。您在此真正意指的是无需重构的、与对其原初历史语境之了解无关的①、因而实际上也就是自主的作品语义性：一个语义的潜能，其实现是超越语境的。毋庸置疑，由于效果史条件的变换，这并总不在同一意义上出现，而是出现于超语境性的意识之中，古典的“跨时代性”惟存在于此意识，您因此将“跨时代性”描述为“历史性存在的一种方式”②。我于是认为，您关于古典概念的阐述没有形而上学的内容。

伽达默尔：一点儿不错！这就是活跃在语言惯用法中的意义，我这里也是由此意义出发的。当我们说：“这是古典的”，其意思无非是说：“我们将总是能够听到它，总是能够看见它，总是能够阅读它，即它总是正确的！”这是我们的语言惯用法，不是人为的定义。古典这一概念因而就是无可指责的。此外我从未怀疑过我们对于此类“古典”作品之历史间距的意识，以及此一间距向我们提出的历史的认识任务。无疑对于我们发展起来的历史意识，对于变得几乎是天经地义的、我们今天于其中面对艺术

① 尧斯主张，为理解一个历史文本，需重构其原始受众及其当时的接受，——这容易被误认作伽达默尔解释学的要求；实际上，伽达默尔更关心语义实现的共时性或超时代性。——译注

② Ebd.,S. 295.

创作的历史情境,这都是有效的。我们知道,贝多芬的第九交响乐是在特定的音乐史、精神史关系中出现的,因而就应当从这种关系中予以历史的理解。但是第九交响乐对于我们的理解来说,其意味可远不止于作为历史重建目标的一个系统。它不能是,如您完全正确地对我的引述,一个尚待阐明的对某物的证明,而是作品自身对我们讲话——就像对它的原初听众。我们聆听贝多芬的音乐。在此聆听中即寄寓着真正的、被表达在归属性①这一概念中的参预。显而易见,这参预总是以不断更新的方式证明自己。为了使之更好地理解,我当然乐意作此补充。

杜　特: 古典性与现代性之间究竟是什么关系?现在我提出这一问题所想的不再是关于古典概念的那个章节,而是您后来的一个关于《美的现实性》的小册子。您在那本书中批评某种表现于我们与艺术的关系中的片面性:一方面是“历史的假象”,另一方面是“进步的假象”。②

伽达默尔: 它们所走的其实是相反方向上的同一条错误道路:这里是贬低古老的东西,那里总是挑剔新的和最新的东西。无论在哪一种情况下,人

---

① “归属性”的原文是“Zugehörichkeit”,含有“倾听”的意思。这里伽达默尔认为,倾听即是参预。——译注

② *Die Aktualität des Schönen*, S. 60.

们都会由此而恰好使他们看不清他们以为自己所选定的东西。这实际上也就是说,我们所拥有的只能是与另一个相联系的这一个:在我们对现代的经验的视野里,过去时代的伟大艺术变成为挑战性的话题,而反过来说也同样如此。这里我们也必须统而观之,在所有的地方都是这样。对于理论的理解来说,此情尤然。只要人们想正确地评价当前的艺术情境,那么他们就不应该满足于对当代生产的描述,而必须是承认新与旧的同时代性,这一同时代性笼罩着我们,并且它绝对不是自从所谓的后现代出现以来才在新产品本身的生产之中发生作用。这里艰巨的思想任务在等待着我们。

杜　特: 而面对着这一同时代性,我们又应该怎样描述古典性与现代性的关系呢?

伽达默尔: 这个问题非常容易回答:现代的,那将变老的东西,就不会成为古典的。这就是答案。

杜　特: 我想再次回到德里达。您已经谈过您与德里达在巴黎、在海德堡的相遇,谈过德里达在对话方面的障碍。我最感兴趣的是在他的解构论与您的解释学之间都有涉及的问题。在他那儿和在您这儿,一个占有突出位置的论题是语言与意味(Bedeutung)、字词与意义(Sinn)的关系。为了准备我们的对谈,我还算是仔细地再次阅读了《真理与方法》的第三部分。关于"字词的辩证法"①、关于"语言的思辨结构"②,我在这里所读到的——例如说,"字词的有限的可能性被归于意指的意义,就如被归于一个通向无穷的方向一样"③;再如,基于在每一单词中"言说之活跃的潜能","一个内在的、成多倍增长的向度"出现了④;复如,语言因此而不是对于一个先已存在的意义的模仿,而是一个永远有所保留的"向着语言的趋近",在此趋近中意义"宣示"⑤其自身——这些在我看来还是与那个被加什所很好地如此描绘的基础结构⑥没有什么天壤之别,这个基础结构曾被德里达在其《文字学》第一部分即在对逻辑中心之形而上学的超验所指的解构中予以揭示。

"不存在第一个词……对于每一单词的意义来说,总是先有一个语词系统作为其前提。"⑦在您的一篇叫做《语言与理解》的论文中这样写着。这是一篇重要的但我发现又是不太受重视的文章。其中您

---

① *Gesammelte Werke*, Band 1, S. 462.

② Ebd.,S. 478.

③ Ebd.,S. 473.

④ Ebd.,S. 462.

⑤ Ebd.,S. 478.

⑥ Rodolphe Gasché, *The Train of the Mirror: Derrida and the Philosophy of Reflection*, Cambridge 1986.

⑦ In *Kleine Schriften IV. Variationen*, Tübingen 1977, S. 94—108; hier S. 106.

指出，那一“语词系统”不应与稳态语境的语义抽象相混淆，相反它是总在进行着的讲说和进一步讲说的运动：“语言之最重要的特点是，一个字词给出另外一个字词，这就是说，每一字词都被另外的字词所召唤，而这另外的字词自身又向继续的言说进一步开放。”①让我以德里达那漂亮的复述库齐乌斯②的文字来说吧：那逻辑中心的“书的理念”，那“所指的业已建构出来的整体性”③，虽然您没有向着文本的游戏予以超越，——但是您还是以您的方式超越于此：在对谈的游戏中。难道您真的没有看见德里达与您本人某些理论线索的重合吗？

伽达默尔： 回答这一问题我有一定的困难，因为我发现通过理论概念不能正确地描述德里达和我本人。对于后来的德里达，就完全不合适！

杜　特：“他不谈理论”，——罗蒂这样说。④

伽达默尔： 而且罗蒂这里也说得对！推动德里达的是解构。

---

① Ebd., S. 107.

② 德里达称引的是库齐乌斯（E. R. Curtius）《欧洲文学与拉丁文的中世纪》中的“书的象征主义”一章。——译注

③ *Grammatologie*, übers. von Hans-Jörg Rheinberger und Hanns Zischler, Frankfurt am Main ² 1988, S. 35.

④ Richard Rorty, “From ironist theory to private allusions: Derrida”, in ders., *Contingency, irony, and solidarity*, Cambridge 1989, S. 122—137; hier, S. 125.

那好吧，假如我有条件地接受理论概念，显而易见的则是，德里达实际上在《声音与现象》(*La voix et le phénomène*)中就讲得太多了。在德国我们于 1924 年便涉及过一个相近的论点。让我至今记忆犹新的是，我那时同洛维特(Karl Lowith)一道恰是以批评的态度来阅读胡塞尔的《逻辑研究》的，而德里达则是在 40 年后以其自己的方式达到了这一点。我们其时脑子里盘旋的是洪堡，而德里达则让自己从皮尔斯(Charles Peirce)那里汲取灵感。是的，——《声音与现象》以及《文字学》内容丰富，这我一点儿都不想否认。可是重要的是以此而开展一场对话。您引用我的《拆毁与解构》一文的结论：我的目的是为了对谈，而可惜的是德里达自己不参与对谈。他为什么不能于此呢?这我不清楚。他猜疑我用理解意愿，用理解准备，这理解准备实在就是每一对谈的先决条件，将超验的所指变幻进有问必答(Rede-und Antwortstehen)的事件之中。我哪里会做这等事情! 语词的辩证法，如您正确地引述的，倒恰恰是产生于下一语词的不可支配性，对此我从未怀疑过，而且相反我曾予以特别的强调。对谈是语言的游戏。对谈准备只是进入这一游戏，它不是对这一游戏进行控制的无处不在的试图。

杜　特：此处我不知道我是否可以提出一个德

里达曾于巴黎提过的问题。他那时向您问到，在对谈中究竟什么是一个语境的扩展，“它应该是一个持续不断的扩张，或者是一个不连贯的重构?”①

伽达默尔： 我只能回答说：我自己从来不知道。我能知道吗?难道说下一个语词是可以支配的吗?

杜　特： 有责备说《真理与方法》是逻辑中心话语最后的宏大叙述之一，这刺痛您了吗?

伽达默尔： 我真想请那提出这一责备的人读读该书。我真想试试能否与他展开一场对谈。——不，我认为已经从海德格尔那里学到，哲学并不以判断和命题的形式出现。因此我想将我自己的探索方向更准确地表述为这样一个公式：不是面对着语言②，而是与语言一道思想。

杜　特： 在以您巴黎演讲为基础的修改稿《文本与阐释》的核心部分，存在有一个文学阅读的理论，或者像您更喜欢说的，一个关于“特出”文本的阅读理论。假如人们愿意充分地了解您对美学的思想探求，那么对于这一理论的研究就是不可缺少的。“哪儿都不会有”，如您指出的，“像语言艺术那

---

① *Dialogue and Deconstruction*, a. a. O., S. 53.

② “面对着语言”(gegen die Sprache)的意思是，把语言作为客体、作为工具。这是伽达默尔语言论所着力反对的观点。详见《真理与方法》第三部分。——译注

样明显的对接受者之参与的需求。就此而言阅读便是真正的和代表性的形式，接受者对艺术的分有即以此形式出现。”①依据这一基本之理解，在《文本与阐释》中所阐述的阅读理论被作为一种审美理解的理论来对待。该理论描述那一理解过程的特殊性，此过程发生的处所是与艺术作品的相遇，语言的抑或非语言的都一样。或许我们能够在这一理论的关系中讨论一下此描述的方方面面。

不过我们应当首先回忆一个最重要的理论步骤，这一步是您在哲学美学领域里向着《文本与阐释》的叙述之路迈出的。在《真理与方法》第一部分所勾画的艺术作品的本体论将其自身作为对生命美学之形式主义意味的纠正，您将一个不完备的即被消除了解释学维度的审美经验概念归咎于这一生命美学。如此您分析的结果就是这样一个纲领性的、尖锐的陈述：“**美学必须归属于解释学**。”②这一要求究竟有何深意？

伽达默尔：这个嘛，当人说及审美经验的时候，他通常以此所指的不是内容，而是形式，——仅仅是一件艺术品的格式塔特性。美学的形式主义即出自于此一观点，这种形式主义以各种各样的方式主

① “Ende der Kunst?”, in *Das Erbe Europas*, S. 82.

② *Gesammelte Werke*, Band 1, S. 170.

宰着讨论，如果它不是例如被黑格尔通过一个内容美学而辩证地予以改造的话。您所引录的句子①与此有关，当然在这个句子里我并未仿效黑格尔而要求一个内容美学。我倒是主张，一件艺术品由于其格式塔特性而对我们发生某种意味；通过此意味，问题被唤起，或者也被回答。一件艺术品“对某人发生某种意味”，——这不是一个空洞无物的套语，而是这一陈述，它不是无来由地每每出现于我们的由于与艺术品的相遇而促成的交往之中，相当准确地揭示了艺术经验的现实性，而此一现实性仍被掩盖在生命美学的抽象之下。一件艺术品“对某人发生某种意味”，——这里面存在有这样一个关涉性，即关涉于被说出来的东西，以及为了使自己和他人都能明白而总是思索那被说出来的东西的任务。我因而坚持：对艺术的经验就是对意义的经验，而且只有作为如此的经验它才是理解的一项工作。就此而言，美学实际上即归属于解释学。

杜　特：您的回答已经表露出这样一个观点，即将理解的性质引入审美经验的理论不应当造成一个新版的唯心主义美学。的确，在《真理与方法》中您向黑格尔的美学讲演表达了钦敬，因为这些讲演曾经对那“存在于一切艺术经验”的意义指

① 即“美学必须归属于解释学”。——译注

向①“予以肯定，并同时赋之以历史意识”②。但是您并未追随这一唯心主义体系的结论，在此结论中黑格尔试图从概念上将语义潜能归结为一个向着他的话语而仿佛终结性地彻底建构起来的世界艺术史，并期之于未来。您坚持，对艺术的经验不能允许任何高高在上的理论——同样也很少能够允许那种对宗教的以及历史的传统的理解。在您 1977 年出版的小册子《美的现实性》中，这种观点被提升成为一个原则性的、现在惟独与审美经验论题相关联的批判。当您着手处理海德格尔艺术作品论文③的主题时，您指出，唯心主义美学之所以忽略了艺术经验的特征，乃是由于它将此经验描述为“纯粹的意义整合”④。唯心主义美学看不见审美对象的“抵抗”，看不见“作品的抵抗”⑤。

伽达默尔：正是如此！我当时曾以一个名句来阐述这个观点，在这个名句中黑格尔将艺术美界定为理念的感性显现。显然这一界定的前提条件是，

① “意义指向”在此的意思是艺术经验中的真理诉求。——译注

② *Gesammelte Werke*, Band 1, S. 103.

③ 指海德格尔的《艺术作品之起源》一文。此文在被作为单行本印行时(Stuttgart: Reclam 1960)，伽达默尔写了一篇导论。——译注

④ *Die Aktualität des Schönen*, S. 45.

⑤ Ebd.

人们能够超越于显现的形式，超越于感性地表出的方式，并且思考着理念的哲学思维是真理的最高的和最恰切的形式。如果有人按着这种模式来描述审美理解，那么他就会以为，我刚才所讲到的那个首先的关涉性，以及一件艺术品由以而对我们变得意蕴丰富的那个首先的不确定的意义期待，能够获得一个确定的语义完成，我们因此而一劳永逸地理解了意义整体，这也就是说意义整体在我们的掌握之中。而果真如此的话，那么艺术作品就将是一个单纯的意义载体，大概好像一封信或者一则报纸简讯，只要我们了解了其信息，只要我们达到了其意义终端，我们便将它丢在一旁。显而易见，这不是我们理解艺术的方式。谁都懂得这个道理，从其本人与艺术的相遇，例如参观博物馆、听音乐会等，从其阅读之中。

我们不是以一种可转播①的方式拥有意义。一件艺术品的意义是不能被转播的。一件艺术品必须是在那儿。而意义载体您是可以替换它的。您可以将一封信的内容通过电话传达过去，您可以意译一则报纸简讯。但您不能意译一首诗。您不能替换它！

---

① “转播”(Übertragung)，电子媒介术语，指完全的声像传输，此处借喻意义在接受过程中的完整性、绝对性，即不增不减、依然如故。——译注

您只能记诵它，以使它在那儿并总是在那儿。此外，审美对象这个概念在我看来完全是不适宜的。当一件作品打动了我们，那么它就不再是一个客体，就不再是一个我们面对着的东西，一个我们可以俯视的东西，我们不能将它看成一个概念性的意义指向。情况正相反：作品是一个事件。它给我们一个撞击，它撞翻了我们，借此它建立起一个自己的世界，我们仿佛被卷进这一世界。

海德格尔在其一篇关于《艺术作品之起源》的论文中令人信服地描述了作品的这一事件性。他看到了这样的一种张力，这种张力标志着艺术作品的特点，当此作品建立起一个世界，并同时将此张力置入和固定于其静态格式塔的时候。这是一个双重运动，正是在这里存在有作品对那个自以为惟其独尊的、以纯粹意义整合为其目的的要求的抵抗。海德格尔将此描写为艺术作品中世界与大地的冲突，我认为，实际上对艺术的唯心主义阐释便由此而得以克服。理解在作品的此在中体验到其意义的高深与无穷。

杜　特：您本人曾经在这一关系上建议，将“作品”(Werk)一词替换为“形象”(Gebilde)一词。

伽达默尔：是的，这正是为了强调一个形象好像是由内向外地构成其自身的格式塔，它在那儿，仿佛是独自地在那儿，也只是独自地在那儿——而绝非那种先有一个构建计划的构建。不是的，——一个形象恰恰不是被构建出来的。这个意思就是，我们所有的构建以及我们所有的指向形象的理解试图都必须被再次地取消。我们必须一次又一次地重新回到形象。

您譬如说波列科夫① 的这幅画吧，迄今它在这个位置已经悬挂 30 年了。它是我 60 岁生日时我的学生当礼物送给我的。我看着这幅画已经超过了 30 年。每一次只要我坐在那儿，就是您现在坐着的那个位置，我就开始寻思起来，我问我自己：从这幅画里我究竟看到了什么呢？我总是望着它，但写不出任何阐释。那么我看到了什么呢？Je ne sais quoi. ② 它到底意味着什么呢？我看到，画的顶端是一个黑色十字架，一个半残的十字架，它吸引了我的视线。往左边一些出现了一个红色的平面，这个平面使人在画的左边缘看到一个图像，差不多就是一个头部形象。这可能就是一个头部侧影。或许是吧。这幅画就是这样持续不断跟我说话。我一次又一次地望过去。它迫使我一次又一次地返回来。

① 波列科夫(Serge Poliakoff, 1906—1969)，俄裔法籍画家，师从康定斯基，以抽象画法名世。——译注

② 法文，意思是“我什么也没看到”。此为法国启蒙运动中的一句美学名言，是说美的不可解释性。——译注

波列科夫:《作品,20 世纪》,平版画

杜　特：也许我可以将它作为一个关键词来理解，并且从现在开始提出关于《文本与阐释》的问题。在《文本与阐释》里面，“返回”(Zurückkommen)一词简直就是作为对文学文本即特殊文本的特征的定义性描述来使用的。当别的文本在我们的日常经验里每每只是“一个理解事件发生过程的某一阶段”时，语言的艺术作品则是“独”“立”①不倚的。它们“总是惟在向其自身的返回中才真正地在那儿”②，因而对于最严格意义上的阅读来说，它们总是处在一种即将的状态。从阅读活动这面看，现在这显然意味的就是一种与理解难度之增加所不同的东西。当然在阅读其它文本，例如科学论文时，也是存在有理解难度的问题的。但是，如果我对您的理解是正确的话，与文学文本相遇的那种阅读则是要经历其自身的改变的。

伽达默尔：那么，这首先就是：阅读即理解。谁要是不理解，他就等于没有阅读，而只是拼读字母和照本宣科。在放声阅读时，这种阅读无法承担真正朗读的任务，人们感觉到：他们几乎不能理解自己所听到的东西。当然这是例外的情况啦。通常一个读者是理解他的文本的，至少说可以达到这样的

---

① *Gesammelte Werke*, Band 2, S. 357.

② Ebd.,S. 351

程度，即他能够比较地专注于文本在说着什么。有了这样一个清除理解困难的试图，阅读就可以得到精心的关顾。比如说碰上一个不认识的单词，我们就去查词典，然后接着读下去。在此情况下，文本实质上只是我前面所称的意义载体。所谓单纯的意义载体就是，一旦我们领悟其意义，它对我们便不复存在。而文学文本却不会消失，即便明摆着的是，对于文学文本而言亦无不同，即所有的言说都有一个我们必须理解的意义。在文学文本里，语词本身承载着读者以实用的态度所试图把握的意义。不过它们不是以一个单纯的可传来送去的方式来显示其意义。一个文学文本里的语词是自我呈现的，呈现于其文字本身，呈现于其自身的声音现实，以及一个意味充盈之中，此意味充盈越过了言说语境所给定的意味界限。

对于我们称之为文学的东西来说，——毫无疑问它有各种不同的级别——一个异乎寻常的抵抗游戏可谓是特征性的，它发生于意义指向与语言的自我呈现之间。而在其它地方我们则找不到这种游戏——自然对于阅读而言，文本应当是前后一贯的。因此我的意思就是试图表明，只要我们说到文学文本，那么文本与阐释的关系就从根本上改变了。这就是说，我谈论的是“特殊”文本。我以此所意谓的是某种非常确定的东西，即一个这样的文本，它由于是数线分别所织而实际上就没有什么是能够解开的，它因而就是一个真正的文本，结果人们平时于阐释中所进行的一切拆线活动都要求着再次编织进去。这类重新返回文本实际上便意味着，让文本说话。

杜　特: 如果我正确地跟从了我们现在所谈论的这篇论文的论证路线的话，那么其关键点大概就是，此一返回或者必须返回——您有一次甚至说，人们被“抛回”①——是阅读自身之根本性的经验内容，它绝非出自于一个事后观察，这一观察人们在后来的阅读中或者做，或者也不做。

伽达默尔: 前面我已经指出过构建与形象之间的张力了。“构建”(Konstruktion)一词或者“建构”(konstruieren)一词是人们从古代语言课程里学来的。学生必须建构句子，以理解句子成分的意味。如果他正确地建构了，那么他就会豁然贯通。一个文本的解释学运动，即阅读，堪与此作完全的比较。人们在一个整体的意义统一性中建构其所面对的部分。人们跟随着一个意义期待，一直坚持到整体的完成，但只要文本对此提出挑战，人们就总是得对它进行校正。毋庸置疑，在每一阅读中都存在的解

① Ebd., S. 358.

释学运动的这个基础结构，也同样在文学文本的阅读中发生作用。理解在此亦复如是，即它也趋向于一个形象的统一性。

但这绝非同时就是说，我们朝着一个意义终点匆匆走过一个文学文本的意义线路。毋宁说我们总是停下来，返回去，每次都发现新的意义关系、声音关系，这些是语言自身呈现给我们的。我们不只是停下来，我们同时还翻转阅读的自然运动方向。我们往回翻阅，我们沉浸于阅读，在形象的世界里愈陷愈深。实际上人们甚至能够说，我们被抛回，但绝不是因为我们失败了，而是因为这一由意义和声音构成的世界是如此的充满，取之不尽，用之不竭，以至于它一旦抓住我们便不再松开。

杜　特：在《文本与阐释》中您谈论了一个文学文本的“容量”(Volumen)①。

伽达默尔：是的，正是如下一个要素成就了一个文本的“容量”：充盈的变化着的声音现实和意义关系，这一充盈不会流于纯粹的意义目的论。

杜　特：如果人们不愿意将此一容量只是解释为一种装饰或者打底色，而是严肃地视之为审美理解的经验维度，难道他们不应该由此而得到如下的结论，即以意义为取向的阅读在对意义线路的跟从

① Ebd., S. 353 u. ö.

中所建立起来的解释学同一性，就是在文学文本的阅读中被摧折了的一个同一性？难道解释学同一性不就是被您所称之为容量的东西持续不断地超越其自身性的边界吗？难道这不正是在阅读过程中所经历的东西吗？

伽达默尔：大概是这样吧。可是——在这样的文本中难道真是只有一个意义取向的阅读吗？难道阅读不就是一种歌唱活动吗？难道诗被诵出的过程——仅仅为一个意义指向所负载吗？诗在被诵出的过程中同时不是也讲出了一种操作真实(Vollzugswahrheit)吗？这是诗所提出的任务！或者，是不仅仅作为映像的图画所提出的任务。在今年将要面世的《文集》第8卷，我有两篇新的论文阐发了我这里所谓的"操作真实"①。

杜　特：您将驻留（Verweilen）②归入艺术作品，归入被体验为深不可测的形象的艺术作品，这一驻留是艺术体验的时间格式塔。

伽达默尔：与艺术相关的时间维度实际上是奠

---

① "操作真实"的意思是说，文本的真理惟有在解释实践即阅读操演中才能呈现出来。伽达默尔所提到的两篇论文是《语词与形象》和《仪式和语言的现象学》。——译注

② "驻留"与艺术或美的相关性在歌德《浮士德》的一个名句——"请停留一下吧，你多么美呀！"（Verweile doch, du bist so schön!）——里值得我们细细地体味。——译注

基性的。在此时间维度上我们将清晰地看到，究竟是什么与理解的实践领域相区别。“瞬间”(Weile)具有这一特殊的时间性结构——一个变动性的时间结构，可是这一时间结构又不可阐释为延续(Dauer)，因为延续常常意味着只是在一个方向上的前进。在艺术经验中这可不是固定不变的。当我们驻留时，我们就是与艺术形象在一起，这一作为整体的艺术形象将变得愈来愈丰富多彩。容量无限地增大——因此，我们在艺术形象那儿学习驻留。

杜 特：最近十年文化工业的恐怖发展到了一个新的程度。通过录像技术和所谓私营电视，对消费者的持续轰击实际上已经成为可能。媚美①爆炸之发生不像以前那样有所间歇。再者，如果人们挖空心思，以将一个后现代的合法性，赋予当前所发生的事变，那么驻留在中间将不复有其位置。在您追思海德格尔的讲话中，您讲到了一个“正在消逝的审美文化”②。驻留会消失吗？

伽达默尔：这有可能——不过，不会这样的。人们可不会自甘堕落！我相信，社会有创造性的大脑

---

① “媚美”(Reize)，指感官刺激的美。传统美学将美的形态划分为优美、壮美和媚美，例如叔本华：《作为意志和表象的世界》第三篇。——译注

② “Sein Geist Gott”, *in Kleine Schriften IV*, a. a. O., S. 74—85; hier S. 83.

将不受此影响,或者将从这影响中挣脱出来。最终人们将不再能够忍受去做所有其他人在所谓闲暇时间所做的事情。不——我相信,瞬间是某种将永远存在下去的东西。否则,趋新就太无聊了。

3

实践哲学：一体性与社会理性

杜　特： 在您新近的著作也就是70—80年代以来的著作中，您特别重视解释学与实践哲学之间的联系。您在《真理与方法》一书通过对亚里士多德伦理学的阐释为实践哲学的概念奠定了基础。从亚里士多德传统上说，什么是实践哲学？它与解释学在结构上有何相合之处？

伽达默尔： 首先人们必须清楚“实践”(Praxis)一词，这里不应予以狭隘的理解，例如，不能只是理解为科学理论的实践性运用。当然啦，我们所熟悉的理论与实践的对立使“实践”与对理论的“实践性运用”相去弗远，而且可以肯定的是对理论的运用也属于我们的实践。但是，这并不就是一切。“实践”还有更多的意味。它是一个整体，其中包括了我们的实践事务，我们所有的活动和行为，我们人类全体在这一世界的自我调整——这因而就是说，它还包括我们的政治、政治协商以及立法活动。我们的实践——它是我们的生活形式（Lebensform）[①]。在这一意义上的"实践"就是亚里士多德所创立的实践哲学的主题。

亚里士多德所审视的是希腊城邦，以及其自由民的实践。关于这种实践他证明，那与动物之受制于生命秩序所不同的、不为某种先在的模式所决定并且也不为其本能所确定的人类的共同生活，显然由于理性的引导它也被秩序化，是如何进行的。这一指导实践的理性被亚里士多德称之为**实践智慧**（*Phronesis*）。它只在具体的情境中证实自己，并总是置身于一个由信念、习惯和价值所构成的活生生的关系之中——即是说，在一个**伦理**（*Ethos*）之中。

这里于是就出现了您所问及的解释学问题。也就是在具体情境中，在您所处身的具体情境中——尽管这一情境与其它情境可能具有某些相似之处，但它仍然就是您所立足其内的极其特别的这一情

---

① 这里所谓"生活形式"不应从内容与形式相对立的意义上去理解，似乎除此而外还有一个生活内容；伽达默尔的"生活形式"是指生活的基本状态，指生活一如生活所出现的那个样子，或者说是生活之整体、全体。伽达默尔曾盛赞过胡塞尔的"生活世界"概念，从中我们可体会到其"生活形式"的部分意味。——译注

境——在此情境中什么是理性的，什么是应当去做的，恰恰并未在给您的那些关于善恶的总体指向中确定下来，这不像例如说关于如何使用一件工具的技术说明所给出的那样，而是您必须自己决定去做什么。为此您就得理解您的情境。您就得阐释它。这就是伦理学和实践理性的解释学之维。解释学是理解的艺术。您很快就看出来了吧，这个对于我们实践情境、对于在其中如何去做的理解不是独白性的，而是具有对谈的特性。我们的一切行为都是相互的！我们的生活形式具有你—我特性、我—我们特性和我们—我们特性。在我们的实践事务中，我们被理解所指引。而理解发生于对谈之中。

杜　特：可是亚里士多德在其伦理学中则是以一个恒定的规范框架为前提的，它划定了行为和理解的作用空间。而在我们这儿，情形是不同的。

伽达默尔：我们这儿也一样存在着时多时少的权威教育，其中包含有无须求证的道德习俗，在任何情况下人们都不能越雷池一步。一直以来我们都在挣脱其束缚，而且从许多方面说我是乐以观之的。人不能再被如此地束缚。不过生活却会由此而变得困难起来。就此而论，盖伦的新保守主义说法则是正确的，体制有减轻人们负担的作用。

杜　特：盖伦对体制有一种怀旧情结。它想回归。远离争论，回到归属性(Gehorsam)①。

伽达默尔：这绝对是行不通的! 因此我们才要思考理性的以天下为己任的哲学，思考我们实践的交往特性。我们必须自己寻找出路：这出路就是理解，就是一体性。我认为今日政治最当要的任务即在于如何使我们对于真正的一体性有一总体的意识。

杜　特：在过去的几个月，我们这里发生了一些恐怖的事情。只要我们看得见新纳粹暴徒，看得见有人向他们鼓掌喝彩，我们就一定会产生这样的担忧，即人类的一体性在我们这儿不过是一个布满裂痕的墙面，即那与一体性相反的东西将会卷土重来。为国家所加强了的一体性不再能够达及种族主义的牺牲者。我们怎样才能够在德国找到一种与那些从窘迫中走向我们的人群的真正的一体性?——顺便说，我提出这个问题，是因为我想着您最近在《意义与形式》杂志里的发言，其中您表现出对这类问题的怀疑。您的例子是让·波弗勒(Jean Beaufret)向海德格尔提出的伦理问题②。“不存在调

① “Gehorsam”与“Zugehörichkeit”在“相互听取”的意义上是相通的，而“相互听取”也就是“相互归属”。——译注

② 这里指涉的是海德格尔回答让·波弗勒问题的《关于人道主义的通信》。——译注

和的伦理学”①,您说。

伽达默尔:是的,其实我们正越来越意识到那本已存在的一体性。您想想现在那走上街头的人群,想想他们组成灯光链,想想他们示威、集会!无论如何这都是一种试图,就是说试图形成公共意见,试图在媒介中给予本已存在的一体性以适当的呈现。在此我们并非为了创造这些一体性,而是要使我们意识到它们的存在。

我相信,这适应于伦理学的全部问题。在如下一点上,亚里士多德毫无疑问是正确的:如果谁还没有被训练成为一个真正的**伦理**(*Ethos*)——无论是通过自己或者是别人,那他也就不会懂得伦理学为何物。这无关乎什么哲学的一个特别的任务。它涉及的是我们所有人都在承担着的责任。我在《意义与形式》的一篇短文里说:从来不只是另一方才有错。——就拿原子能的问题性来说吧:甚至反原子能运动根本上也是一种真正的一体性的表达。诚然,反原子能运动被不同的派别以近乎荒谬的方式所利用,——不错,人们是可以在一开始就说,例如水业或者煤炭业是反对原子能的;但是,对此自发

① “Über die politische Inkompetenz der Philosophie”, in *Sinn und Form* 45 (1993), S. 5—12; hier S. 11. 译注:本文原为1988年在意大利的一个发言。

性运动的诸如此类人为的占有和扭转并不能质疑其于自身所显露出来的一体性。

此外我还相信，不仅是民族国家的而且也包括欧洲范围的思维框架都将证明是过时的。孤绝将不再是可能的。人类乘坐着一叶舢板，我们必须掌好舵，以使它免遭触礁之险。这一信念将与日俱增。当然这并非意味着，我们对民族主义的膨胀视而不见。或许世界范围内的经济交往能够在此具有一定程度的抑制作用。说经济活动好也罢或者坏也罢，但可以肯定的是，惟有取道于经济的帮助，由贫穷国家向德国的人口涌入才能停止。其它的一切不仅不是一体性的，而且还将注定是无补于事的。只要在波兰、在罗马尼亚、在保加利亚，以及在其它什么总是为贫困所煎迫的国家，也就是说，只要人们不愿意在那儿生活下去，只要那儿的生活状况依然如故，那么他们就一定会涌到这里来。面对这些重大问题，我们自然不应却步不前。它们不能单独地构成一体性。人们只能在所有的事物中经历到一体性，在此所有的事物中许多人有分享，不是丧失什么，而是相反，得到什么——这种情形也同样见之于一切我们以艺术和文化相称的事物之中。

杜　特：在叔本华的哲学中，一体性是无所不在的，它不只限于人与人之间的关系。在所有的生命体中都有那同一的生命意志。个体化原理，即非同一性，是现象。①我们总是困于这一现象——困于将动物和自然当作我们的物质材料。

伽达默尔：是的，叔本华的这些思想并未远离我们！您瞧动物保护、自然保护，还有儿童保护，我认为，就是体现叔本华思想的例子，其中我们体察到真正的一致性，我们也给予这些一致性以体制化的支撑。想想看吧，那些培养这类意识的相关法律和社团组织。

杜　特：但依您所见，最关键的还不是体制的创立，而是对这些问题的公开讨论，如果我对您的理解是正确的话。体制的所谓“减负效应”(Entlastungseffekt)在此所导致的不过是一种以为事情自会如此这般的漠然姿态，但另一方面那些以

① “个体化原理”是叔本华哲学的一个关键概念，指绝对意志通过时空形式表现为作为个别和差异的现象。人的认识囿于这种个体现象，看不到它们在意志上的同一性，是以有大大小小的利己主义。而超越此一认识，即洞穿生活之假象，领悟到一切现象皆归属于同一意志，则可能走向“同情伦理学”。白居易的名句“同是天涯沦落人，相逢何必曾相识”传达的即是这样的逻辑。伽达默尔从叔本华的现象在意志上的同一找到了其一体性的本体论根源。不过如果说伽达默尔有本体论的话，那也不是叔本华的意志及其绝对性，而是一种关系的一体性。在此叔本华与伽达默尔的相通点在于：第一，一体性的本真性，即本来就存在、就如此地存在；第二，可以由此而推导出伦理学上的团结、互助、利他，这在伽达默尔是一体性和社会理性的“实践哲学”，在叔本华是意志主义的“同情伦理学”。——译注

反抗惟利是图之院外活动集团为务的组织需求支援则又是显而易见的。难道我们不应当首先推动这公开的讨论吗?

伽达默尔: 是的，但不只是去推动公开的讨论。我们还必须自己去做点什么,——而实际上我们也已经做了些什么。实践就是行动,——而且它还是一种清醒的意识。行动不止是做。人是一种**自**行动的东西。在其行动中有自我调整、自我检验以及榜样的作用。故此:**德性**不是没有**逻辑**,就像我在论述亚里士多德时所表明的那样!

杜　特: 您关于实践哲学之现实性的著述矛头指向规范派伦理哲学……

伽达默尔: ……指向应当伦理学(Sollensethik)，因为它忽视了这样一个解释学问题:惟有对总体的具体化才赋予所谓的应当以其确定的内容。

杜　特: 但您首先反对的是一个被工具意义所减缩了的理性概念,反对“实践衰退为技术”①的各种主客观形式。在此您的哲学就成了社会批判。

伽达默尔: 您也可以在法兰克福学派那儿发现

---

① “Was ist Praxis? Die Bedingungen gesellschaftlicher Vernunft”, in *Vernunft im Zeitalter der Wissenschaft*, S. 54—77; hier S. 60. 译注:此文已收入 *Gesammelte Werke*, Band 4, S. 216—228.

对工具理性的批判。

杜　特：我想说的就是这个应合关系。

伽达默尔：我本人总是注意到这样一系列的应合关系。您知道，我曾想过与阿多诺展开一个对话。他的逝世中止了我的计划①。

杜　特：但是在您那儿我们看不到主导阿多诺和霍克海默后期文本的悲观主义。您的文本看起来与他们的非常地不同。就是更有信心。

伽达默尔：不错，我对各种悲观主义实际上都是怀疑的。我发现，悲观主义总是真诚的一个阙失。

杜　特：为什么？

伽达默尔：因为没有谁能够无希望地活着。

杜　特：但是表达希望并不意味着加入快乐哲学的大合唱。

伽达默尔：肯定不是这样！对于消极的东西人们当然不能保持沉默。

杜　特：您很严厉地警告过那通过专家和官员系统之错误理念对社会理性的破坏。

伽达默尔：哦，是的，这里是有一个危险，我们真的必须提请人们注意这一危险，并积极地防范这一危险。不错，在我们生活于其中的一个高科技化

① 阿多诺逝世于1969年。——译注

的工业社会里，专家不再是一种可有可无的人物。在各种极不相同的领域，为了保证对于复杂的理论和技术过程的必要控制，专家是不可或缺的。但是如果以为专家、经济专家或者环境专家，再或者军事专家，可以剥夺我们的社会实践，可以解除我们所有人作为政治公民相互之间行事和表意时所拥有的决定权，那就是一个错误。而且可以肯定地说，在我们以劳动分工为基础的现代社会里我们都是功能单位，即在我们社会的种种职业中，我们所行使的是高度专业化的职能。但是这种在一固定结构中的专业化和类别化并不是我们社会存在的全部。这不是我们生活形式的真实情况。其实我们的实践不在于我们对预先给定职能的适应，或者在于想出恰当的方法以达到预先给定的目标，——这是技术；相反，我们的实践乃在于在共同的深思熟虑的抉择中确定共同的目标，在实践性反思中将我们在当前情境中当做什么具体化。这就是社会理性！①

① “生活形式”是整体性的，因而其作为哲学概念便是对生活之整体性的要求。——对于这种联系，伽达默尔在其《现象学与辩证法，一个自我批判的尝试》一文曾有透露：“如果有谁相信科学可以依仗其无可争议的权能而取代实践理性和政治智慧，那他就不会看到人类生活形式的领导性力量；相反，倒是惟独生活形式才会有感受、有思考地使用科学以及人类所有的能力，并对此一使用负责。”（*Gesammelte Werke*, Band 2, S. 23）注意：这里表达“生活形式”意义

杜　特：您对时代的诊断将对消极发展的批判与对社会理性之历史地形成的资源的观察结合了起来。关于这些资源，您列举的是沉淀在古代基督教传统社会中的人性和成熟的语义。您列举的还有意识形态批判和乌托邦的话语形式。新保守主义者宣布社会乌托邦思想的终结。据他们说，东方社会主义专制的垮台将使这种思想随之而一蹶不振。我们有必要听取这一断言吗？或者我们还是应该继续坚持您在70年代的指示，即对于我们的实践而言乌托邦是一个绝对必要的“来自远方的暗示”①？

伽达默尔：我当然相信我提出的这个思想了，相信它将继续有效。顺便说吧，这些关于来自远方暗示的话，我并不是在自由时代才讲出来的，我是在第三帝国时期说的。或许您知道我对波普②的批判，知道我的论文《柏拉图的乌托邦思想》。③在那

的是另一个德文词，*Lebensgestaltung*，可译为“生活格式塔”或“生活形象”，它至少于视觉上更突出了“生活形式”的整体性。——译注

① “Was ist Praxis? ”, a. a. O., S. 67.

② 波普(Karl Raimund Popper, 1902—1994)，科学哲学家，生于奥地利，后入英国籍。他反对乌托邦主义，主张对社会进行逐步的改造。而这是伽达默尔根本上所要反对的，不单单限于对柏拉图的不同阐释，虽然伽达默尔坚持人们必须从乌托邦这一视角才能正确阅读柏拉图：“乌托邦思想，这是一个视角，……我们必须通过这一视角来阅读柏拉图关于国家问题的著述。”(*Gesammelte Werke*, Band 7, S. 288) 伽达默尔所针对的著作是波普的《开放的社会及其敌人》。——译注

③ *Gesammelte Werke*, Band 7, S. 270—289.

儿我试图证明，谁如果不懂得怎样恰当地谈论乌托邦，谁就根本不可能恰当地谈论柏拉图。《理想国》(*Politeia*)和《法律篇》(*Nomoi*)就是乌托邦，如我在该文所指出的，乌托邦曾经是古希腊文学的一种样式。而且这也是显而易见的。即是说，在不允许言论自由的地方，人们只能以此类隐曲的方式进行批判。乌托邦的首要功能恰在于：对当前进行批判，而不是设计出行动的方案。《理想国》是批判任人唯亲的一个经典范例。对于柏拉图主张让孩子与其双亲分离，人们尽可不必当真。他实际上意味的是对于权力的分派，亲缘关系及其程度不应当是决定性的!

杜　特：您讲到了对社会理性的"反思方法"①。

伽达默尔：是的! 我指的是这样一些文本，它们能够真正地引起我们的反省，引起对于我们社会关系的反思，——布洛赫对此曾以自己的方式做出了令人特别难忘的论述。他所讲演的乌托邦属于一种想像力(Bildkraft)，它能够给反思以有效的推动。当然就像我们所有的学者，他没有真正的政治智慧。

杜　特：他曾努力使政治不致沦为纯粹的管理。

伽达默尔：的确如此。我们当然无论如何都不

① "Was ist Praxis? ", a. a. O., S. 70.

应该用教条主义扼杀乌托邦幻想和反思预备，而且即使这种教条主义由此而表现得理性和务实。这离我可太遥远了。我认为，我们只能在舆论文化的广大基础上保护和进一步发展一体性，这种舆论文化不接受我们——自然也不会接受哲学家们——有意的调控，它实际上是靠着自身力量而形成的。

在这方面我最喜欢的形象是托尔斯泰笔下的陆军元帅库图佐夫，——在莫斯科会战前夕与其他元帅一起参加的军事会议上，库图佐夫一直都在打瞌睡，末了他醒来，只是说："好吧，这个就照你们说的去做吧。"而后跨上战马，穿过夜幕低垂的军营和它周围的一堆堆篝火，不时地向人群说说话。①问题自然就是：谁是这场战役的胜利者？在这一切的背后，那么就有一个完整的理论，我相信我们所有人都必须接受它：我们只能是整合性的。我们没有谁知道，其行为的真正效果是什么，因为这行为属于在一个巨大关联域中的整合作用。但这并不是说，我们可以无所用心；这也绝非说，在我们的思想中可以不进行与意识形态批判或者与乌托邦的论争。

① 这个情节见列夫·托尔斯泰的《战争与和平》第一卷第三部第12章，伽达默尔的叙述在细节上与原作有一定的出入。——译注

译 后 记

20世纪西方哲学文化思潮后浪推前浪，先是德国人的现象学独领风骚，再是法国的后结构主义技压群芳，赶到90年代英美的全球化理论异军突起。如今的德国已经不再是世界的思想中心了。1985年，哈贝马斯就曾酸酸地说："在过去的一二十年间，巴黎产生的具有原创性和生产性的理论要比世界上其它任何地方都更多。"①最近，社会学家乌尔里希·贝克在其《什么是全球化》一书更是喟然有叹，德国人讨论全球化比英国人至少迟到了10年！②伽达默尔的哲学解释学这个归属于现象学运动的思想按说与当代的知识兴趣已经隔了三层。即使它当年如何地风光，而今早化作历史的烟云去了。

不过，"思潮"总是"时髦"一类的东西。由思潮中涌现出来的"经典"是绝然不会随着时潮的转换

① Jürgen Habermas, *Die neue Unübersichtlichkeit*, Frankfurt a. Main: Suhrkamp 1985, S. 137.

② 参见 Ulrich Beck, *What is Globalization*? Cambridge, UK: Polity, 2000, p. 13.

而被遗忘的。伽达默尔相信,“经典”总是能够跨越时空的间距而一直地对我们说着什么。在中国伦理学界颇有些影响的美国哲学家麦金泰尔称颂:“伽达默尔是两部将被列入 20 世纪哲学经典的著作的作者:一是《真理与方法》;二是《在柏拉图和亚里士多德之间的善理念》”,而“一个文本被给以经典的位置就是说它是一个我们必须与之达成某种关系的文本,如果我们不能正确地对待它则将严重地妨碍我们的探索。”①在今天的时潮即全球化的讨论中,我们看到,作为“经典”的伽达默尔文本并未随现象学运动的消歇而退出历史舞台,它一再地被指涉、援用,包括他的学生沃尔夫冈·伊瑟尔的接受美学。或许这种表面的繁荣并不十分重要,重要的则是它所具有的对于认识当今全球化现象那有待被唤醒的理论潜能。

伽达默尔活过了 20 世纪,值其生命的最后十几年正是全球化讨论如火如荼的时期。或许令人有些遗憾,伽达默尔没有直接地或多少有些深度地介入这一新思潮。但他于 40 多年前发表的后来成为

---

① Alastair MacIntyre, “On Not Having the Last Word: Thoughts on Our Debts to Gadamer”, in *Gadamer's Century: Essays in Honor of Hans-Georg Gadamer*, ed. Jeff Malpas, Ulrich Arnswald, and Jens Kertscher, Cambridge, Massachusetts & London: The MIT Press, 2002, p. 157.

“经典”的《真理与方法》，仔细辨读过来，却早已为全球化论述暗中准备了最基本的哲学架构，这就是其哲学解释学所错综交织的对话本体论。

一是与传统对话。现代性从某种意义上说总是表现为传统的断裂，对传统的拒绝和否认，例如为启蒙运动所结撰的那样。对于这种现代性或启蒙的狂妄，伽达默尔警告，我们不能在传统之外展开对传统的批判。我们归属于我们试图去理解的传统。对于伽达默尔来说，这当然意味着像海德格尔那样在本体论的意义上由现代性回归传统，以及在“效果史意识”中复活传统，但更意味着一种深刻的自省意识：对传统的理解说到底就是一种自我理解。

二是与他者对话。文本在存在的意义上与我们自己相通，如“文本间性”或“主体间性”所提示的，而它同时又是一种异在。阅读一个文本就是同一个陌生人打交道。在伽达默尔看来，文本的他者既是“真理”，也是“方法”。他者具有不可穷尽的神秘性，而另一方面通过与他者相遇我们自己被认识、被扩大、被更新。伽达默尔将语言作为解释学的一个核心论题，甚至在他也可以说，语言的就是解释学的，因为语言的本性就是对经验的共享，就是对对话的预设；更进一步，我们原本即是语言，或者反过来，语言即我们的存在。

对话可以是在一个传统内部的古今对话，也可以是与另外一个陌生文化的对话。尽管文化间性的对话或者文化间性不是哲学解释学的主要论题，但《真理与方法》对“翻译”的那个著名论述实质上即叩击了这一问题的核心：文本的可翻译性，即翻译所容易传达的东西，常常就是我们自己的文化编码系统，而其不可翻译性则是起于那不接受此编码的他者文化的他者性。翻译会聚因而也凸现了文化间的差异、距离和冲突，使我们清晰地意识到我们自己的文化局限，于是一个文化间的对话成为必要，为着认识我们自己的必要，否则我们可就只能在我们的内部做自体循环了。

今日的全球化可以理解为现代性的扩张，在这一扩张过程中它势必遭遇他者文化的抵抗。有意的现代性将带来一个无意的后现代性。事与愿违，事情做出来总是偏离我们原先的设想。用吉登斯的话说，现代性的全球化意味着一个“失控的世界”。但是“失控”首先意味着不接受帝国主义的“控制”。因而毋宁说，全球化是现代性与后现代性（即那解构性的力量）的双向互动。不存在一种绝对的主宰力量，全球化结果将不是单方面的“美国化”或“西方化”。全球化因而更是一种“球域化”(glocalization)①，

① 美国学者罗伯逊将全球化看成是“普遍的特殊化”和“特殊

是全球性扩张与地方性迎对的交相作用。如果将“球域化”视作一场“对话”，那么可以断言的是，伽达默尔早就揭示了全球化的确定性和不确定性，其现代性和后现代性：

> 虽然我们能够说我们“举行”一场谈话，但是越是一场真正的谈话，它就越是不怎么按着一方或另一方对谈者的意愿举行。因此，真正的谈话从来就不是那种按我们意愿举行的那种。总体观之，更正确一些的说法是，我们陷进了一场谈话，如果不是这样那也可以说，我们被牵扯进了一场谈话。在那儿一个词如何给出另一个词，谈话如何转折，如何地继续进行和

的普遍化”的一个“双向过程”(Roland Robertson, *Globalization: Social Theory and Global Culture*, London: Sage, 1992, pp. 177—178)。如果是在这一意义上理解他所提出的“球域化”一语，我们宁可放弃，因为在全球化运动中，根本不存在普遍性与特殊性的对立，所有的只是特殊性对特殊性。全球化是一种地方性对另一种地方性，强势的一方被错误地称作全球性或者普遍性。真正的全球性超越了所有的地方性包括强势的地方性，是各种地方性的可交流性。鉴于“全球化”在流行的语义上和社会学的用法上都是一个经不起推敲的概念，我还是主张将它哲学化，即是说，使它不与任何具体性相等同，否则它就将被帝国主义霸权所利用，而实际上它已经被利用很多年了，只是我们习焉不察而已。“球域化”当然是一个好词，至少比“全球化”进了一步，即强调了地方性的解构性作用，但那个“全球性”还是没有摆好位置：一句话，全球性不能与地方性并置，而只能置于其上。

> 结束，这当然完全可以有一种举行的方式，但是在此举行中对谈参与者与其说是举行者，不如说更是被举行者。在一场谈话中没有谁能够事先就知道将会“出现”什么样的结果。①

这不是谦虚，伽达默尔诚然不乏谦虚的美德，而是对事实的承认。惟当承认这一事实，即承认主体性或现代性的局限——我们无法“举行”对话，进而才可能产生对他者的兴趣和渴望，也就是对话的冲动。

在其所张扬的对话本体论中，在与传统、与他者的对话中，伽达默尔表现出之于西方主流社会所少有的文化自省意识，这与黑格尔是多么地不同，并且对他者的如果说不是列维纳斯那样的敬畏，因为在后者绝对的他者就是上帝，那至少也是相当程度的尊重。“主体间性”这个德国唯心主义的最高成就，尽管将主体与他者/客体的关系转变为主体与主体的关系，将他者提升为主体，但在伽达默尔的他者面前，也只能是自惭形秽而不敢望其项背了：伽达默尔的他者与我们/主体具有固有的“一体性”；与他者的对话不是我们主观上情愿与否的问

① Hans-Georg Gadamer, *Gesammelte Werke*, Band 1, Tübingen: J. C. B. Mohr (Paul Siebeck) 1986, S. 387.

题，而是我们根本上就处在对话之中。

全球化，一个伽达默尔的世纪即将来临，如果说全球化的重点和难点就是如何与他者相交往的话。一个成功的全球化将有待于我们能否正确地听取伽达默尔的他者理论。

当然，作为"经典"的伽达默尔，并不只是因为有了全球化才显出其历史的效果来。他不需要这样庸俗的辩护，因为他是"经典"，他对一切时代说话。任何时候，只要我们愿意倾听，"经典"总会给我们讲些什么。在美学，在实践哲学，还有在柏拉图、黑格尔、海德格尔等专题的研究上，……"经典"的伽达默尔还有许多我们没有觉察到的奉献。

对话精神照耀着本书的翻译。这里我首先要感谢德意志学术基金会的资助，感谢德国图宾根大学哲学系 Manfred Frank 教授的接纳，感谢陈黎以及郝敏女士从中搭桥，使我有机会在幽静、美丽的图宾根古城度过一段愉快和收获的时光。本书即是其中的一个小小收获。翻译过程中曾得益于 Andrej Fech 先生的悉心指点，这是尤其要感谢的。河南大学文艺学研究中心将此书列入一个研究计划的资料系列，慷慨解决版权问题，最终批准了它的问世。商务印书馆的陈小文先生、程秋珍女士高效完成审稿、编辑，我视之为一种友谊，但更是基于我们共有的对“经典”的热爱。

最后需要交代的是，为方便读者，译者加了中文目录，这在原书是没有的。读者可以将它作为内容提要来读，——我们意识到内容提要总是要漏掉很多东西的。

好了，接下的就是等着与读者的对话了。

金惠敏

2004 年 11 月 13 日

北京西三旗旅次

图书在版编目(CIP)数据

解释学　美学　实践哲学:伽达默尔与杜特对谈录/(德)伽达默尔,(德)杜特著;金惠敏译.—北京:商务印书馆,2005(2018.2 重印)
(商务新知译丛)
ISBN 978-7-100-04250-5

Ⅰ.解…　Ⅱ.①伽…②杜…③金…　Ⅲ.①解释学②美学③哲学　Ⅳ.B516.59

中国版本图书馆 CIP 数据核字(2004)第 097529 号

商务新知译丛
解释学　美学　实践哲学
伽达默尔与杜特对谈录
〔德〕伽达默尔　杜特 著
金 惠 敏 译

商 务 印 书 馆 出 版
(北京王府井大街36号　邮政编码 100710)
商 务 印 书 馆 发 行
北 京 冠 中 印 刷 厂 印 刷
ISBN 978-7-100-04250-5

2005 年 3 月第 1 版　　开本 787×1092　1/32
2018 年 2 月北京第 3 次印刷　　印张 3　插页 1

定价:16.00 元